Rudolf Bauer

Über die subjektiven Wendungen in den altfranzösischen

Karlsepen

mit besonderer Berücksichtigung der verschiedenen Versionen des afr.

Rolandsliedes

Rudolf Bauer

Über die subjektiven Wendungen in den altfranzösischen Karlsepen
mit besonderer Berücksichtigung der verschiedenen Versionen des afr.
Rolandsliedes

ISBN/EAN: 9783743491366

Hergestellt in Europa, USA, Kanada, Australien, Japan

Cover: Foto ©Thomas Meinert / pixelio.de

Manufactured and distributed by brebook publishing software
(www.brebook.com)

Rudolf Bauer

Über die subjektiven Wendungen in den altfranzösischen

Karlsepen

ÜBER DIE

SUBJEKTIVEN WENDUNGEN

IN DEN

ALTFRANZÖSISCHEN KARLSEPEN

MIT

BESONDERER BERÜCKSICHTIGUNG DER VERSCHIEDENEN VERSIONEN DES AFR. ROLANDSLIEDES.

INAUGURALDISSERTATION

ZUR

ERLANGUNG DER DOCTORWÜRDE DER HOHEN PHILOS. FAKULTÄT ZU HEIDELBERG

VORGELEGT VON

RUDOLF BAUER.

FRANKFURT A. M. UND LAHR.
DRUCK VON MORITZ SCHAUENBURG.
1889.

Vorwort.

Nachstehende Untersuchung begann ich auf Anregen von Herrn Professor Freymond.

Leider konnte ich den zweiten Teil nur schematisch behandeln; andernfalls hätte die Arbeit eine zu grosse Ausdehnung angenommen. Allein auch daraus lässt sich ersehen, dass der Stoff nicht nur vollständig gesammelt sondern auch gesichtet und geordnet ist. Daher scheint es überflüssig, das gesamte Material in einem dritten Teile niederzulegen.

Es sei mir hier noch gestattet, Herrn Professor Freymond für sein allezeit liebenswürdiges Entgegenkommen und seine mannigfachen Belehrungen meinen aufrichtigen und achtungsvollen Dank auszusprechen, den ich durch Zueignung meiner Dissertation zu bekräftigen glaube.

Auch Herrn Professor Dr. Rose in Lahr fühle ich mich für seine praktischen Winke, die er mir gab, zu Dank verpflichtet.

Der Verfasser.

Allgemeine Einleitung.

Das afr. Nationalepos hat in seiner Blüte mit den besten epischen Schöpfungen des Altertums und des Mittelalters diejenigen Merkmale und Vorzüge gemein, welche das echte Epos kennzeichnen. Andererseits erhält es ein ihm eigentümliches Gepräge durch Form und Darstellungsweise. [1])

Die Form desselben, der Zehnsilbner, welcher ruhig und leidenschaftslos dahinschreitet, entspricht ganz der einfachen Dichtungsart. Sie verleiht dem afr. Epos den Charakter des »gleichmässig, wechsellos Dahinziehenden«.

Damit steht in engster Beziehung die Gleichartigkeit der Darstellungsweise.

Wie der epische Vers langsam und gemächlich, ohne Übereilung dahingleitet, ebenso breit und gelassen geht die Handlung Schritt für Schritt gleichförmig und vielfach ohne Abwechslung weiter.

Da bei den verwandten Stoffen und der Ähnlichkeit ihres Inhalts öfters gleichartige Vorgänge und Handlungen in den verschiedenen Epen Gegenstand der Erzählung sind und sein müssen, so war der Dichter genötigt, dieselben wiederholt darzustellen. Anstatt aber dabei rege Abwechslung und Verschiedenheit in der Auffassung zu bekunden, machte es sich der afr. Sänger leicht [2]) und nahm aus vorhergehenden Stellen oder aus frühern Gedichten mit geringer Änderung die jeweils passenden Verse herüber.*)

---

[1]) cf. Tobler, Über das volkstüml. Epos der Franzosen, Ztschr. f. Völkerpsych. Bd. IV. p. 151 ff.; ferner Steinthal, Volksepos, l. c. Bd. V.

[2]) cf. Tobler l. c. p. 159.

*) Auf die mehrfachen Wiederholungen von ganzen Tiraden in wenig geänderter Form soll hier nicht näher eingegangen werden. (Dazu cf. O. Dietrich, Über

So finden sich auch bei gewissen Situationen kleinere Wendungen und mit der Zeit erstarrte Formeln, welche zahllos wiederkehren.[3])

Dies sind einmal bestimmte Formeln am Tiradenanfange[4]) oder in Gesprächen und dann solche subjektiver Art, welche mit dem jüngern Ursprung der Gedichte zunehmend uns entgegentreten.

Diese letztern sollen in vorliegender Arbeit eingehender untersucht werden.

Wiederhol. i. d. afr. Ch d. g., Erlangen 1881, sowie Gröber, Ztschr. f. R. Ph. Bd. VI. p. 492 ff.

[3]) Die »stehenden Beiwörter« finden sich auch hier, bedürfen jedoch keiner besondern Erwähnung, da sie kein nur dem Afr. eigentümliches Merkmal sind.

[4]) Solche stereotype Formeln am Tiradenanfange sind u. a.:

a) Naturschilderungen, welche schon im Rolandslied vorkommen. Dabei ist zu beachten, dass in bestimmten Abschnitten immer und nur dieselben Wendungen stehen, was auf ursprünglich getrennt vorhandene Teile schliessen lassen könnte.

So sind hauptsächlich 4 verschiedene Arten von Wendungen zu unterscheiden:

1 v 157 Bels fut li vespres, e li soleilz fut clers.

   v 668   »   est li jurz, e li soleilz est clers.

2 v 708 Tresvait li jurz, declinet la vespree.

   v 717   »   »   » la noit est aserie.

   v 737   »   la noit, e apert la clere albe.

3 v 1003 Clers fut li jurz, e bels fu li soleilz.

   v 2512 Clere est la noit, e la lune luisant.

   v 2646 Clers » li jurz, e li soleilz »

   v 3345   »   fut   »   »   »   »

4 v 3560 Passet li jurz, si turnet à la vespree.

   v 3658   »   » la noit est aserie.

   v 3675   »   la noit, si apert li clers jurz.

   v 3991   »   li jurz, la noit est aserie.

Einmal begegnet uns v 1807 Esclargiz est li vespres e li jurz.

In den andern Karlsepen finden sich zahlreiche Stellen ähnlicher Natur (über die Abkürzungen s. p. 12):

G. d. B: v 138, 164, 281, 679, 4091; Ot: v 711.

Fier: v 2967, 3109, 3111, 3240, 4002, 4059, 5417, 5888.

H. d. D: v 4640, 4647, 8740; Gayd: 9295, 10720.

Enf. Og: v 5251, 5317, 5690; etc. B. a. gr. p: v 901, 2675.

G. d. V: p. 126; Aspremont: p. 263 Cod. VI; p. 269 Cod. VI; p. 284 C. IV.

Entrée d'Esp. Fol. 206 (p. 251); p. 252 etc.

b) Bei Kampfesschilderungen kehrt am Anfang der Tirade regelmässig wieder: Mult fu fors (grant) la bataille (estours) etc.

So z. B. in G. d. B: v 565, 606, 1989; Ot: v 509, 545, 564, 1700.

Mac: v 1058, 1065, 2428, 2701, 2825; Fier: v 25, 46, 67, 675, 916, 984, 1003, 1029, 1147, 1252, 1431, 1457, 1764, 3268, 3291, 3598, 3644, 3754, 4495, 5340 etc.

Unter den subjektiven Wendungen werden zu unterscheiden sein
solche, die nur mehr äusserlich die Persönlichkeit des Dichters hervortreten lassen, und diejenigen, welche dem Epos in seiner Blüte
fremd und spätere Zusätze von Jongleurs sind. Beide gehen auf denselben Ursprung zurück. Sie sind, die einen früher, die andern später,
infolge des mündlichen Vortrags entstanden. Während aber die
einen ihrer früheren Aufnahme wegen mit der Erzählung enge verschmelzen, aus ursprünglich individuellen Beifügungen zu allen Epen
gemeinsamen und für dieselben charakteristischen Darstellungsmitteln
sich entwickeln und dadurch die Bedeutung von eigentlich subjektiven Wendungen ganz verlieren, so treten die andern anfangs aus
dem Rahmen der Erzählung heraus und sind leicht als spätere Zuthaten — wohl auch von Kopisten hinzugefügt — zu erkennen.
Allerdings erfahren auch diese im Laufe der Zeit mit der Zunahme der
Depravation des Epos eine Umgestaltung, welche der erstern nahekommt.
(S. Näheres darüber im zweiten Teil.)

Im ersten Teil sollen derartige Wendungen des ältesten und
besten Epos, des Rolandsliedes, untersucht und durch Vergleichung
der verschiedenen Versionen die schon zur Zeit der ältesten uns
erhaltenen Fassung des Gedichtes stereotyp gewordenen
(ursprünglich subjektiven) Redensarten festgestellt werden.

Der Untersuchung wurden zugrunde gelegt:

La chanson de Roland, nach der Oxforder Hdschr. herausgeg.
von Th. Müller, II. Auflage. (*O* genannt).

La ch. d. R. Genauer Abdruck der Venetianer Hdschr. IV,
herausgeg. von E. Kölbing. (Nach Förster und der Konkordanz-
tabelle von Heiligbrodt mit *M* bezeichnet.)

Ähnlich auch bei Beschreibungen von Personen, ihren Gemütszuständen und
auch bei Gegenständen, z. B. *Fier*: v 242, *II. d. B*: v 9108, *Gayd*: v 1100, *Enf. O*:
v 188, 216, 5110 etc. *G. d. V*: p. 92, 126.

c) In Reden und Gesprächen treten gewisse Formeln zur Einleitung oder
Beteuerung immer und immer auf: ne quier vos celer, si m'aït dieu, bien fait à
otroier etc.

d) In Gebeten stehende stereotype Wendungen (cf. Teil zwei Anm. 19).

e) Auch die Negationskomplemente gehören hierher u. v. a. (cf. *Dreyling*,
die Ausdrucksweise der übertriebenen Verkleinerung im afr. Karlsepos, Ausg. u.
Abh. LXXXII [soeben erschienen]).

Texte von Châteauroux und Venedig VII, herausgeg. von W. Förster. *(C* bzw. *V* genannt.)

Texte von Paris, Cambridge, Lyon u. den sog. Lothr. Fragm., herausgeg. von W. Förster. *(P, T = Trinity College, L* u. *F* gen.)

In der Annahme, dass die ausländischen Bearbeitungen (holländische, deutsche des Pfaffen Konrad *[Kr])* und altnordische-Karlamagnussage *[Ks]* für spezifisch französische und kaum übertragbare Eigentümlichkeiten, wie es die Mehrzahl der Formeln sind *(atant es vos, veissiez, mien escientre etc.),* bei der Untersuchung geringen Wert besitzen, wurden sie nicht in den Kreis der Betrachtung gezogen.

Die Arbeit suchte aus textkritischen, vor allem auch aus poetisch-ästhetischen Gründen, wie aus passendem Sinn, angemessener Sprache u. s. w., Schlüsse auf Vorhandensein der Wendungen in der denkbar ältesten Fassung zu ziehen. Wenn dieser (poetisch-ästhetischen) Methode mit Recht der Vorwurf von allzugrosser Subjektivität gemacht wird,[5]) so dürfte sie gerade bei einer Untersuchung, wie die vorliegende, grösseres Gewicht beanspruchen. Denn wir haben es hierbei meist nicht mit einzelnen Worten, sondern mit zusammenhängenden Wendungen zu thun, welche als Ganzes aufzufassen sind.

Von diesem Standpunkte aus ergaben sich für diese Formeln selbst lehrreiche Beobachtungen. Zugleich wurden hierbei inbetreff der Filiation teils ältere Resultate gestützt, teils neue gewonnen.

Bei einem Vergleiche der verschiedenen Handschriften musste die Filiation derselben nach ihrem jetzigen Stande berücksichtigt werden. Dass diese um so komplizierter erscheint, je mehr man sie klarzustellen sucht, darauf wies seiner Zeit schon einer der scharfsinnigsten Rolandskritiker[6]) hin.

Eine Wiedergabe aller Resultate dürfte zu weit führen.

Es mögen die wichtigsten Gesichtspunkte derselben kurz angedeutet werden, welche mit zur Beurteilung dienten, soweit sie vonbelang und einleuchtend zu sein schienen:

Stengel, Förster, Rambeau nehmen mehrere Redaktionen an und betonen die Unabhängigkeit der Familie *O* von der der jüngern Re-

---

[5]) Scholle, Ztschr. f. R. Ph. IV. p. 8.
[6]) Scholle, Ztschr. f. R. Ph. IV. p. 34.

daktionen. Dagegen steht die durch Pakscher[7]) erwiesene Ansicht Müllers, dass die Gruppe der jüngern Handschriften mit V (M) auf dieselbe Quelle zurückgehe.

Über weitere Ansichten und Bemerkungen vgl. Ottmann,[8]) Perschmann,[9]) Gautier (Ch. d. R., 8 éd. p. 399), ferner Scholle[10]) in seinen Aufsätzen und Rezensionen.

Zuletzt hat sich mit der Filiationsfrage eingehend Pakscher beschäftigt, welcher in der Hauptfrage (s. oben) mit Müllers letzten Untersuchungen übereinstimmt, jedoch das Verhältnis von O und V (M) genauer zu präzisieren sucht.

Danach gehört Vn (M) weder zu O noch zu P etc.

O ist eine willkürliche Abschrift einer Quelle (α);

M, bezw. die gereinigte Gestalt davon (β), ist eine neue Redaktion der Quelle (α).

Auf diese Quelle gehen auch die jüngern Handschriften (γ) zurück. Über das Verhältnis der jüngern Redaktionen unter sich vgl. s. o. g. Diss. p. 18 ff., 60 ff.

Scholle im Litt.-Blatt Jhrg. 1885 p. 374 ff. stimmt dem Hauptresultate von Pakscher bei.

Wenn oben als erste Aufgabe der Untersuchung genannt wurde, diejenigen Wendungen zu erschliessen, welche in der ältesten Fassung des Rolandsliedes sich fanden, so wurde dabei an eine dem Original verhältnismässig am nächsten stehende Vorlage, jedoch nicht an das Original selbst gedacht, schon deshalb, weil es unmöglich ist, dasselbe in seiner ursprünglichen Gestalt herzustellen. Darauf wurde schon von mehreren Seiten hingewiesen.

Vgl. darüber Scholle, Ztschr. IV., p. 215 und Gröber, Ztschr. VI., p. 297.

Ferner blieb der Hinweis Gröbers auf den schon depravierten Standpunkt von O (ibid.) ebensowenig unberücksichtigt, wie die Ge-

---

[7]) Pakscher, Zur Kritik und Geschichte d. frz. R. Strassb. Diss. 1885.

[8]) Ottmann, Die Stellung von V_4 (M) in d. Überl. d. afr. R., Heilbronn 1879.

[9]) Perschmann, Die Stellung von O, Marb. Diss. 1881 (Ausg. u. Abh. III.)

[10]) Ztschr. f. R. Ph. IV. l. c.; Littbl. f. germ. u. rom. Phil. 1884, p. 98 ff.

danken Scholles über das Verhältnis und die Ursache der Erweiterung und Kürzung von Tiraden (a. a. O. p. 216).

Auch die entgegnenden Worte Stengels in Ausg. u. Abh. III., Vorwort, p. VII, sowie Anm. 3 etc. wurden nicht ausseracht gelassen.

Gerade aber aus dem von Stengel angeführten Grunde, ferner bei der bekannten Leichtigkeit (Scholle, Ztschr. VI., p. 195/96), womit die Verse modifiziert werden konnten, wird die Entscheidung der Ursprünglichkeit oft kaum endgültig zu treffen sein und daher haupt.sächlich nach dem Sinne und der Sprache des Ganzen sich zu richten haben.

Als Grundlage der Vergleichung der Handschriften wurde O gewählt.

Der 1. Abschnitt (a) behandelt die subjektiven Wendungen bei O[11]), bezw. M.

Der 2. Abschnitt (b) erläutert einige Beispiele für Erweiterungen, welche bei O (meist auch bei M) nicht vorkommen, und erweist in Verbindung damit Anlass und Art derselben.*)

Im zweiten Teil werden die übrigen Karlsepen Gegenstand näherer Erörterung bilden, nämlich:

Gui de Bourgogne (= G. d. B.), p. Guessard et Michel, Paris 1859.
Otinel (= Ot.)   „   „   „   „
Fierabras (= Fier.) p. Kroeber et Servois, Paris.
Macaire (= Mac.), p. G., Paris 1866.
Huon de Bordeaux (= H. d. B.), p. G. et Grandmaison, Paris 1860.
Gaydon (= Gayd.), p. G. et Luce, Paris 1857.

Anciens poètes de la Fr.

---

[11]) Weddigen, Etude sur la comp. de la Ch. d. R., Rostock 1874.

*) Der nächste Anlass zu Änderungen, bezw. Erweiterungen war jedenfalls der, das Epos der Gegenwart mundgerecht zu machen (vgl. Pakscher a. a. O. p. 20). Dann gaben einzelne Worte infolge von Ideenassociation, Erinnerung an früher Gesagtes, absichtliches oder unbewusstes Vorgreifen, Verwechslung, Versagen des Gedächtnisses Grund zu Erweiterungen. (Vgl. ibid. p. 96.) Ferner trugen das Streben nach Ausschmückung der Einzelheiten, die Gewohnheit und vor allem die mündliche Überlieferung dazu bei. (Vgl. Scholle a. a. O. p. 208 ff.) Erweiterungen wurden vor allem üblich, seitdem gewerbsmässige Sänger die Epen verbreiteten, welche häufig Abweichungen und Überarbeitungen vornahmen. Endlich nötigte auch später oft der Reim, Flickwörter und Lückenbüsser einzuschieben.

Berte aux grans piés (= B. a. gr. p.), p. Scheler, Bruxelles 1874.
Les Enfances Ogier (= Enf. O.)   „   „   „   „
Girard de Viane (= G. d. V.,) p. Tarbé, Reims 1850.
Prise de Pampelune (= P. d. P.) p. Mussafia, Wien 1864.
Voyage de Charlemagne à Jérusalem (= V. d. Ch.), p. Koschwitz,
    Heilbronn 1879.

Ferner Fragmente aus:

Aspremont, ed. von Imm. Bekker, Abh. d. Berl. Akad. 1839.
Entrée en (d') Espagne, p. Gautier, Bibl. de l'école de Ch.
    4e série, t. IV.

Die »Chanson des Saisnes« konnte der Verfasser von zwei Universitätsbibliotheken nicht erhalten und daher nicht lesen. Jedoch litt die Arbeit kaum darunter. Denn bei der gleichartigen Anlage der grossen Mehrzahl der Epen ist kaum anzunehmen, dass hierin etwas Neues sich geboten hätte.

In diesem Abschnitte wurden aus dem gesammelten Stoff für jeden einzelnen Fall in seinen verschiedenen Variationen Beispiele herausgenommen, welche als Repräsentanten ihrer Gattung dienen. Damit konnte zugleich die Art derselben und ihre vielseitige Verwendung erläutert werden.

Über das Nähere s. Einleitung, zweiter Teil.

Erster Teil.

Subjektive Wendungen im Rolandsliede.

A. Solche, welche nur äusserlich die Persönlichkeit des Dichters hervortreten lassen.

Sie bestehen aus Einführungsworten bei gewisser Gelegenheit und bestimmtem Anlasse *(as vus, atant as vus, la veïssiez etc.)*, weiter aus vorgreifenden oder die Teilnahme des Dichters bezeugenden Formeln, oder es sind persönliche Äusserungen desselben *(ne sai, mien escientre)*. Nach Form und Inhalt erscheinen sie einzeln genommen subjektiv. Sehen wir sie jedoch im Verlaufe der Erzählung in gewisser Weise da und dort wiederkehren, erinnern wir uns an ihr zahlreiches Auftreten in den andern (im zweiten Teil) zu besprechenden Epen, so verlieren sie bald ihren subjektiven Charakter und stellen sich uns als etwas allen Epen Gemeinschaftliches dar, d. h. sie sind mit der Zeit zur stereotypen Formel geworden.

Daher passen auch für diese Redensarten trotz des scheinbaren Widerspruches die Worte Toblers (Ztschr. f. Völkerpsych. IV. p. 157):

»Doch nicht als ob der Dichter in der Darstellung der (dieser) Einzelheiten sonderlichen Reichtum und Schärfe der Anschauung bekunde; es ist vielmehr, als ob ein Dichter mit des andern Augen beobachtet hätte, oder als ob für die überall mit Notwendigkeit wiederkehrenden Dinge nur eine Weise der Darstellung durch alte Überlieferung geheiligt gewesen wäre, so sehr gleichen sich ihre Schilderungen, so sehr tritt die persönliche Eigentümlichkeit des Dichters neben dem Gemeinsamen zurück, so sehr gebricht es dem Sänger, auch wenn man ihn mit sich selbst vergleicht, an der Fähigkeit, an dem Ähnlichen durch schärfere Auffassung des Freigegebenen die Verschiedenheit hervortreten zu lassen. Käme nur der Stil inbetracht, einem Verfasser könnte man versucht sein, beinahe die ganze Fülle der altfranzösischen Epik zuzuschreiben.«

Bei der Untersuchung über die genannten Wendungen wird zunächst jeweils die allgemein übliche und gewöhnliche Verwendung derselben in Form einer Disposition darzulegen sein, wie sie sich aus den andern Epen ergiebt und soweit dies für das Rolandslied von Wichtigkeit ist.

Dann werden sie in der schon angeführten Weise (s. Einleitung) zu betrachten sein. Dabei wird jedoch nicht der logisch geordnete Gang der Disposition eingehalten werden, wie dies im zweiten Teile geschehen, sondern bei der Notwendigkeit einer stetigen Vergleichung der verschiedenen Texte schien das Vorgehen der Verszahl nach am richtigsten.

I.

Die Einführungsworte *as vus, atant as vus* (in den spätern Epen zu *es (z) vos (z)* umgestaltet) leiten in der Regel den Anfang eines Verses ein, finden sich aber auch in der Mitte eines solchen.

Sie dienen im allgemeinen dazu, ein plötzlich und daher meist unerwartet eintretendes oder eingetretenes Ereignis anzuzeigen, welches immer durch eine Person veranlasst wird und dem Gange der Handlung oft eine andere Richtung giebt.

1) So werden sie angewendet, um eine überirdische Erscheinung (beim Roland nur Engel) als *deus ex machina* einzuführen, welche dem um Hülfe Flehenden Trost spendet oder auch ohne weiteres bei misslicher Lage als Ratgeber und Helfer auftritt.

2) Nicht nur überirdische Wesen, sondern auch menschliche Retter, welche bei hoher und höchster Gefahr überraschend und glücklich eingreifen, werden damit in den Vordergrund gestellt.

3) Ebenso erhöht die plötzlich wahrnehmbare oder im Kampf-

gewühl auffallende und hervorragende Gestalt eines Helden u. s. w. mit *as vus* eingeführt die Spannung des Hörers.

4) Ferner wird damit die Ankunft eines Boten angekündigt, welcher gute oder schlimme Nachricht bringt.

5) Ähnlich wird so überhaupt jede unerwartet und neu auftretende Persönlichkeit hervorgehoben.

6) Nach kurzer Unterbrechung durch eine Rede, eine Schilderung oder eine Reflexion des Dichters werden dadurch, besonders am Schluss der Tirade, rekapitulierend und abschliessend zugleich vorher erwähnte Personen genannt, welche auf den Gang der Handlung von Einfluss sind.

7) Endlich dienen die Worte dazu, nach vorausgegangener Erzählung einer Handlung deren Wirkung und Resultat kurz und knapp zu wiederholen *(as vus* mit *Part. perf.)*

a) Wendungen bei *O* (bezw. *M*).

O v 263: Roland und Olivier streiten sich, wer von beiden nach Saragossa gehen dürfe. Karl gebietet ihnen Schweigen, daher der Schlussvers: *Franceis se taisent, as les vus aquisiez;*

Bei *M* haben wir:

v 192: François lintende si se traçe arer;

CV, T*) 18 bieten

> *Franzois se taissent es les uos acoisiez*
>
> *Franceis — teisent.*

Vergleichen wir flüchtig die ganzen Tiraden miteinander, so bemerken wir, dass *CV* manches mit *O* und manches mit *M* gemeinsam haben, dass *O* und *M* wie hier am Schlussverse so auch sonst voneinander abweichen, dass z. B. *v 188 (M)* nicht bei *O*, wohl aber bei *CV* steht; ferner findet sich *v 253 (O)* an ganz anderer Stelle bei *M (v 187)* u. s. w. Daraus ergiebt sich, dass bald *O* bald *M* geändert hat, während *CV* aus beiden, d. h. aus Vorlagen beider, das eine wie das andere ergänzend aufgenommen. In unserm Verse stehen *O* und *CV* gegen *M*.

---

*) Die Tiradenzahl (= *T*) wird der Einfachheit halber mit arabischen Ziffern bezeichnet werden.

Die Mehrzahl und das Gewicht der Versionen sprechen also für die Form von *O (as les vus).*

Dazu kommt noch, dass Sinn und Verwendung von *as vus* dies in unserm Falle als für die ursprüngliche Vorlage wahrscheinlich machen: Denn der Kaiser sagt zu den beiden Freunden in derselben Tirade: *„ambdui vus en taisiez"*, welcher Vers überall vorhanden ist. Dementsprechend haben *O* und *V* zum Schluss: *Franceis se taisent*, d. h. sie wiederholen das Verbum, eine Eigentümlichkeit des epischen Sprachgebrauchs, die gerade für die Echtheit (wenn der Ausdruck anwendbar ist) zeugt. Mit dem darauffolgenden zweiten Teile des Verses: *as les vus aquisiez,* erhält die Tirade einen kurzen und bestimmten Abschluss, ganz der Sprache des Gedichtes in seinen besten Stellen entsprechend.

Also ist hier *as vus* als in der ältesten Vorlage vorhanden anzunehmen.

v 413: Guenelon und Blancandrin beschliessen unterwegs Rolands Tod. Sie kommen nach Saragossa und steigen ab. Inzwischen wird die Situation, in welcher Marsilies sich befindet, kurz geschildert, und zum Schlusse treten uns wieder die anfangs Genannten entgegen:

Atant as vus Guenes e Blanchandrins.

Bei *M* und *CV* fehlt der Vers ganz. Dies ist kein Grund gegen seine Ursprünglichkeit. Er kann ganz gut stehen, wie auch Perschmann in seiner angegebenen Abhandlung (p. 7) meint. Er ist sogar der Sprache des Roland vollständig angemessen, indem er nach einer Unterbrechung kurz auf den ursprünglichen Gegenstand, d. h. die Helden, wieder hindeutet, welche dazu noch in der n ä c h s t f o l g e n den Tirade in den Vordergrund der Handlung treten.

Dieser Hinweis am Ende geschieht daher äusserst geschickt durch die betr. Worte.

v 889: Dieser Vers zeigt sehr klar die Verwendung von *as vus* zur Darstellung von einem plötzlich eintretenden Faktum: Der Neffe von Marsilies erhält von seinem Oheim die Führerschaft über das zum Kampfe bei Roncevaux bestimmte Heer und bittet ihn darauf, ihm 11 Genossen auszulesen. Sofort bieten sich verschiedene an, so der Bruder von Marsilies selbst; auch König Corsablis. Da als dritter

2

As vus puignant Malprimis de Brigal;
er sprengt plötzlich hervor und bietet sich laut *(s'escrie mult halt)*
ebenfalls an. Besser, drastischer und kürzer hätte die Scene nicht
eingeführt werden können als mit den betr. Worten.

In allen Handschriften findet sich ein entsprechender Vers; nur
T hat für *as vus* — *a donc.*

Daher ist *as vus* gesichert.

v 1187: Zum nochmaligen Hinweis am Tiradenende: Es wird
geschildert, wie Franzosen und Heiden miteinander in Kampf geraten, darauf: *Francs e paiens as les vus ajustez.*

Der entsprechende Vers bei *M:*

v 1110: Franchi e pain se sont entramescler,
bei *CV, T 129 (T 121): Franc et paiens angi uesrez ioster*
                          aqui   mesler,
bei *T, T 27a: Francoys paiens y uessiez mesler,*
bei *P, T 29* ⎰ *Frans et paiens orrez huimais mesler*
   L, T 2 ⎱   *orroiz   meler.*

Wie daraus zu ersehen ist, haben alle Versionen ausser *M* eine
subjektive Wendung. Und zwar ist *as vus* bei *T* durch das gleich-
bedeutende und oft in demselben Sinne stehende *uessiez* ersetzt; *CV*
haben dafür das Futurum desselben Verbums. *P, L* zeigen ebenfalls
ein Futurum eines ähnlich gebrauchten Verbums und dazu noch das
auf Einfügung durch einen Jongleur deutende *huimais.* Alle die subjektiven Wendungen müssen durch eine ähnliche veranlasst sein, denn
bei Übereinstimmung von 5 Handschriften ist Zufall ausgeschlossen.

Nun zeigen *V, P, L, T* mit *M* am Ende des Verses *mesler,*
also weisen sie dadurch auf verwandte und enger zusammengehörige
Quellen hin. Die genannten 4 Versionen bieten aber imgrunde ein
und dieselbe subjektive Wendung, also muss auch in der Vorlage von
M eine solche gestanden haben; dies ist um so glaublicher, als der
letzte Vers von *M* mit dem vorhergehenden *se sont* gemeinsam hat:

v 1109: E saraçins se sont apareler
   1110: Franchi — se sont —

Das zweite *se sont* ist matt und scheint nur durch das erste hervorgerufen und an Stelle der subjektiven Wendung getreten zu sein.

So hätte durch die Mehrzahl der Versionen allem nach *veïssiez* den Vorzug vor *as vus*.

Nun stimmen jedoch im gegebenen Falle *V, P, L, T* mit *M* (ausser in der subjektiven Wendung) und unter sich überein, können also durch ihre nahe Verwandtschaft bei der Beurteilung kein grosses Gewicht haben. Ferner kommen in derselben Tirade schon einmal *véistes* bzw. *oïstes* zur Schilderung des Kampfes vor, bewirken daher am Schlusse eine seltene Häufung. Die Hinweisung durch *uerrez* hat keinen Sinn, so dass der Vers von *O* als die beste Fassung bezeichnet werden muss. Dazu erinnert das Endwort des Verses bei *C* „*ioster*", ebenso *CV v 10 a ces paroles font les oz* „*aioster*" an *ajustez* bei *O*, ein Beweis, dass dies auch in der von *C* bezw. *CV* benutzten Vorlage gewesen. Wie schon durch analoge Beispiele bewiesen, wird *as vus* mit dem Part. gern am Schluss von Tiraden ange-wendet.

Daher dürfte auch hier die Fassung von *O* die älteste sein. Bemerkenswert ist die nahe Beziehung zwischen *C* und *O*.

v 1889: Nach einer allgemeinen Einleitung werden wir auf die Tapferkeit von Marsilies aufmerksam gemacht durch

> As vus Marsilie en guise de barun;

dieser Vers findet sich überall; *(P* hat dafür *si vint* —*)* . . .

Daher ist er gesichert.

v 1989: Am Anfang der Tirade:

> As vus Rollant sur sun cheval pasmet;

dagegen *M v 2108: Or est Rollant sor son çiual pasme,*
ebenso *CV, T 210 (202), T, T 99, L, T 71 v 26; P, T 114* hat: *or fu...*

Damit ist *Or est* gegenüber *as vus* der Vorzug zu geben, zu-mal da letzteres in dieser Weise nie am Anfang einer Tirade steht.

v 2009: Am Ende der Tirade: Nach der rührenden Scene zwischen Roland und Olivier:

> Par tel amur as les vus desevrez;

bei *M* fehlt der Vers ganz (cf. 2108 ff.), welcher bei allen übrigen Versionen mehr oder minder getreu wiedergegeben ist. Ganz genau hat ihn nur

> C, T 210: por tel amor es les uos deseure;

dagegen: *V, T 202: par grant dolor se sunt lors deseure;*
die übrigen Reimredaktionen erweitern die Stelle sehr; aber *P, T 114,
v 45: Par tel uertu les a dex desseurez,* so dass *O, C, V, P* das
ursprüngliche Vorhandensein des Verses bestätigen.

Ob jedoch *as les vus* oder *se sont* mit dem Part. stand, ist
fraglich:

O, C haben *as les vus (es les uos)* ⎞
V hat   *se sont*   ⎰ *deseurez;*

dagegen weisen die andern Versionen einen entsprechenden Vers am
Ende auf, welcher lautet:

P, T 114 a icest mot se sont entracolez,

T, T 99 par grant amour se sont entreacole,

L, T 71 en tel maniere se sont entrebaisez;

so fanden die 3 ersten Versionen in ihrer Vorlage *deseurez,* wovon
V mit den 3 letzten zugleich aber auch *se sont* aufnahm, während
O, C as les vus aus ihren Quellen entnahmen.

Da wir *deseu(v)rez* viermal vorfinden und davon zweimal in Verbindung mit *as les vus,* da ferner diese Wendung ein viel prägnanteres
und knapperes Gepräge zeigt als *se sont* und am Ende der Tirade vorkommt, so fällt das Gewicht auf ihre Seite. Überdies ist keine Ursache
vorhanden, sie *O* und damit der ältesten Vorlage abzusprechen.

Zu betonen ist hier wieder die nahe Verwandtschaft von *O*
und *C.*

v 2452: Karl bittet Gott, er möge die Sonne still stehen lassen:

Ais li un angle qui od lui soelt parler,

dafür hat *M v 2642: A lui ueint langle qi li soleit parler,*
ebenso *T, T 131: Si uint etc.*

dagegen wieder:

CV, T 249 (244): ez li un angle qi selt a lui parler,

ähnlich *P, T 149 ez uos · l · angre qui uint a lui parler;*

L, T 103   ange

O, C, V, P, L bezeugen *ez li* bzw. *ez uos,* daher ist dies gegenüber *M* als ursprünglich anzusehen (wohl in der gebräuchlicheren Form
as vus bzw. *ez uos).*

Zu bemerken ist von neuem die Übereinstimmung von *O* und

C (diesmal auch *V*), welche beide *li* aufweisen; andererseits die Verwandtschaft von *M* und *T*.

v 3403: Zur zusammenfassenden Hindeutung auf den Kampf nach vorheriger Einzelschilderung:

Ais vus le caple e dulurus e pesme;

dagegen hat *M v 3570: Grant e li colpi e meraueillos e pesme.*

Die übrigen Bearbeitungen (*CV* haben keine entsprechenden Tiraden) *P, T 224, T, T 198* beginnen wie *M* mit *grans(t)* und ersetzen *colpi* (bei *O caple*) durch *perte.*

As vus kommt, wie anfangs gesagt wurde, nur in Verbindung mit Personen vor, ist also hier sowohl durch die Mehrzahl der Versionen als auch durch seine ganz ungewöhnliche Verwendung zu verwerfen. Ausserdem findet es sich hier in der Baligantepisode (*Bal.*), die bekanntlich späterer Zusatz ist, allerdings verhältnismässig hohes Alter verrät.[12])

Dasselbe gilt vom nächsten Verse:

v 3495: Baligant betet um Sieg, da erhält er die Nachricht vom Tode seines Sohnes:

As li devant un soen drut, Gemalfin;

bei *M v 3663* steht die Wendung in dieser Form nicht; dagegen

bei *CV, T 314 (309)*
„ *P, T 235* } *atant es(z) uos.*

Da hier ebenfalls nicht nach der Ursprünglichkeit gefragt werden kann, so beweist die Übereinstimmung der 4 Handschriften nur die ihrer Vorlagen und damit das hohe Alter von *Bal.* Durch diese Beispiele wird ersichtlich, dass *M*, welches unsere Wendung nur zweimal (cf. *v 889* und *v 1889 atant ce* u. *e uos*) bringt, dieselbe vermeidet. Dies lässt sich aus der mehrmaligen Übereinstimmung der andern Verse gegenüber *M* sicher erschliessen und geht besonders auch aus dem Thatbestand in *Bal.* klar hervor. Andererseits ist an der ursprünglichen Verwendung von *as vus* nicht zu zweifeln.

---

[12]) Scholle, Ztschr. f. R. Ph. I., p. 26, rechnet dazu *v 2570—2844* und *v 2974—3081.*

v 3818 (Ein Vergleich mit den andern Versionen ist hier nicht mehr möglich, da sie bloss bis *v 3682 (O)* mit *O* zusammengehen.)

Dies ist hier wieder ein treffendes Beispiel für den Gebrauch der Einführungsworte:

Die Barone wagen es nicht, Guenelon zu verurteilen, aus Furcht vor seinem mächtigen Verteidiger Pinabel. Sie bitten daher Karl, dem Verräter zu verzeihen. Der Kaiser ist darüber sehr betrübt, denn als oberster Kriegsherr und als Verwandter Rolands muss er Gerechtigkeit walten lassen, den Verräter bestrafen und seinen Neffen rächen.

Durch den feigen Beschluss seiner Grossen ist ihm beides, Strafe und Rache, abgeschnitten.

Ais li devant uns chevalier, Tierris,

damit stellt sich ihm ein Helfer in der Not vor, welcher mit Pinabel zu kämpfen bereit ist.

Daraus ergiebt sich:

1) Die Wendung *as vus, atant as vus* ist schon zur Zeit der ältesten Fassung unseres Gedichtes in mannigfacher Weise verwendet und stereotyp geworden.

2) *O* zeigt eine gewisse Vorliebe für die Wendung, während *M* dieselbe sichtlich meidet.

3) *C* hat dieselbe mit *O* am häufigsten gemeinschaftlich, stimmt auch meist im Wortlaut des betr. Verses überein und weist so auf eine nahe Verwandtschaft mit *O.*

4) *T* zeigt öfters nähere Beziehung zu *M.*

b) **Wendungen in den andern Versionen.**

Wir begegnen diesen Hinweisungsworten auch sonst bei den übrigen Redaktionen, wo sie bei *O* fehlen, ein Beweis für die Zunahme derselben in jüngern Gedichten.

Sie finden sich bald direkt bald indirekt veranlasst. Einige wenige Beispiele mögen genügen:

So z. B. wird *v 617 (O) Atant*) i vint uns paiens Valdabruns*
erweitert bei *CV*, *T 55* zu *atant ez uos un paien Valebron.*

ert

CV zeigen überhaupt Neigung zu solchen Erweiterungen: Bei
Erzählung von dem Traume Karls heisst es u. a.

v 2563 (O): De sun palais vint uns veltres le curs,
ähnlich *M v 2753: Desuç paleis uit un uentre recors,*
dagegen *CV*, *T 256 (251): atant e uus un autre en un landon.*

ert uos

Bei dieser Gelegenheit bietet auch *L*, *T 110:*

v 13 ez uos ·I· autre plus irie de lion, d. h. es führt ein Traum-
bild auch durch die bekannten Worte ein, welche bei *O, M, P, T*
nicht stehen. Nötig sind sie nicht, jedoch nicht ungeschickt ange-
bracht; *L* führt in derselben Tirade *v 28* mit *atant ez uos* Ogier
und Naymon ein, welche Karl aufwecken.

Bei *CV*, *T 257 (252)* wird in dieser Art auf die Königin
Bramimonde und ihren Schmerz hingewiesen, als sie die Niederlage
ihres Heeres erfährt:

v 13 atant es uos Braimimonde sa mie,

ert   Brasmimonde

dagegen *O v 2576, M v 2767*, zeigen ⎱ *dedevant lui sa m.* Br.
P, T 158, T, T 139, hierfür ⎰   *(dauanti, deuant)*

So giebt es noch zahlreiche Beispiele in den jüngern Bearbeitungen, wo diese Wendung oft mehr, oft minder passend erscheint,
ein Zeugnis dafür, dass neben der schriftlichen Überlieferung auch
eine mündliche vorhanden war, welche die effekthaschenden Worte
leicht erklärlich macht.

II.

Ein beliebtes und häufig angewandtes Kunstmittel, die Schilderung lebhaft zu machen, sind die Hinweisungsworte:

la veïss(i)ez, qui la veïst, la veïst on,
la oïss(i)ez, qui la oïst, la oïst on.

---

*) Ein Unterschied in der Verwendung von *ez (s) uos* und *atant es (z) uos*
bezw. *atant* allein fiel bei der Lektüre nicht auf.

Diese entsprechen vielfach den an erster Stelle genannten und könnten oft mit ihnen vertauscht werden; sie unterscheiden sich indes dadurch von jenen, dass sie nicht ausschliesslich auf Personen hindeuten.

1) Sie kommen zur Anwendung vorzugsweise bei Schilderung eines Kampfes, um auf das Getümmel und Durcheinander desselben hinzuweisen.

2) (= *atant as vus*) um auf die Tapferkeit eines Helden oder ganzen Heeres aufmerksam zu machen.

3) bei der Beschreibung eines Heeres, besonders während des Aufbruches zur Schlacht, um die merkwürdigen Erscheinungen und auffallenden Gegenstände (Rüstung, Schmuck u. s. w.) zu kennzeichnen.

4) bei Erwähnung von Gemütsbewegungen (Freude und Schmerz).

a) **Wendungen bei O (besw. M).**

v 349 bietet ein Beispiel für die Hinweisung auf den Schmerz. Beim Abschiede Guenelons herrscht grosse Betrübnis im Lager:

> *Là véissiez tanz chevaliers plurer;*

bei *M v 266 ff.*, *CV*, *T 32* fehlt der Vers ganz.

Ein Grund, die Ursprünglichkeit des Verses und der Wendung anzuzweifeln, liegt dadurch nicht vor. Im Gegenteil ist gerade die einfache Form desselben der Umarbeitung und Erweiterung von *CV* bei weitem vorzuziehen.[18])

v 1181 Schilderung des beginnenden Kampfes:

> *Qui dunc oïst Munjoie demander*
> *De vasselage li poüst remembrer;*

bei *M v 1105: Chi uncha ueist monçoia demander*, der zweite Vers fehlt.

Auch bei den andern Versionen allen findet sich dieser erste Vers und die betreffende Wendung; nur ist *oïst* dem Sinne und der Übereinstimmung aller nach gegenüber *ueist* von *M* zu setzen; ebenso wird *v 1182*, welchen *M* vermissen lässt, durch ähnliche bei *CV*, *P*, *L* bestätigt:

> *CV*, *T 129 (121): de la morz deo deuroiz bien remenbrer*
> *lamor   deu nos deit,*

[12) Ottmann, l. c. p. 25

P, T 29 *De la mort deu nous doit hui ramembrer*
L, T 2   *dieu nos deuroit remenbrer.*

Interessant ist es hier, die Erweiterungen in den jüngern Versionen zu verfolgen. *) Während O und M sich begnügen, die Aufmerksamkeit auf den Schlachtruf „*Monjoie*" zu lenken, führen CV, P, T, L die verschiedenen zusammenwirkenden Ursachen des gewaltigen Lärmes einzeln an: *CV v 11: qi donc oist Monioie reclamer*

              qui oist a donc
    cors et bosines et ces grailles soner
                     grasles
      a grant merueille le poist hom ⁕ scouter.

P, T, L *v 11: qui dont oist la Monioie escrier*
          donc   —   *reclamer*
       lor
    cors et buisines et ces graisles sonner
     busines cos et gresles
     buisines et ces grailes soner
    a grans merueilles les poist escouter
    granz   *deust*
    grant meruoille li poit remenbrer.

v 1341: Rolands Thaten werden erzählt:
    Qui lui vëist l'un geter mort sul altre
    Le sanc tut cler glacier par cele place!
bei M *v 1259: Chi lun ueest çeter mort sor lautre*
    Lo sang tut cler ensaie for et desglaçe!

Dem gegenüber bringen CV, T 143, P, T 43, T, T 39, L, T 15 eine andere Wendung, welche überall ähnlich heisst:
    Cel ior mostra si ben son uasalage etc.

Dass die letztern hier eine gemeinsame oder untereinander abhängige Quellen benutzt, ist äusserlich schon durch den überall gleich-

---

*) Dieses Beispiel, wie überhaupt auch diese Tiraden, sind äusserst lehrreich für die Erkenntnis der Art der Überarbeiter. Man sieht daraus, dass sie, soweit es der Reim gestattete, die Endworte — hier meist Infinitive auf — er — beibehielten oder auch wiederholten. So kommt *sonner*, das bei O einmal steht, bei CV und L zweimal, bei P sogar dreimal vor.

lautenden Reim auf — *age* (bei $P=$-*aige*) erkennbar, ferner durch die fast wörtliche Übereinstimmung der ersten 6—8 Verse. Demnach scheint die gemeinschaftliche Quelle, welche zugrunde lag, den Vers und die Wendung, wie sie bei *O* und *M* sich finden, nicht gehabt zu haben.

Wenn das Vorhandensein bei *O* und *M* für die Annahme der Ursprünglichkeit von *v 1341/42* nicht genügt (nach Perschmann), so spricht dafür folgender Grund:

Die Darstellung ist bei *O* und *M* tadellos: »Roland sprengt auf dem Schlachtfeld umher und richtet mit seinem Schwerte Durendal unter den Sarazenen grosses Unheil an.« Dies wird mit *qui veīst* etc. näher, aber kurz und lebendig ausgeführt und das Ganze dadurch abgerundet. Bei den andern Versionen ist dies nicht der Fall. Der entsprechende Vers lautet (ungefähr bei allen gleich):

cel ior mostra si ben son uasselage —,

womit offenbar nur ein Vers des Reimes wegen *domage*

uasselage

hinzugefügt ist, welcher nichts Neues enthält.

v 1622: Gelegentlich der Schilderung der gewaltigen Schlacht wird zugleich auf den Schmerz über den Verlust und auf die Verluste selbst hingewiesen:

Là véissez si grant dulur de gent,

Tant hume mort e nafret e sanglent!

M v 1651: La ueist hom si grant dolor de çent,

Tant hom morti i naure e sanglenti,

Tant bon ciual per lo campua fugent!

Bei *CV*, T 173 (165), *P*, T 76, *T*, T 65, *L*, T 41 sind Verse mit gleichen Formeln.

O, C, V, T zeigen *ueīss(i)ez;* resp. *ueīsiez.*

M, P, L „ *ueīst on;*

welche Variante von beiden zu setzen, ist so kaum zu entscheiden und auch ohne Wert; denn die Bestätigung des Vorkommens einer von diesen Wendungen an dieser Stelle durch alle Bearbeitungen genügt. Jedoch bieten gegenüber *O* die andern Versionen einen dritten Vers wie *M*, welcher daher bei *O* ausgelassen sein mag.

v 1680:

> *Qui puis véist Rollant e Olivier,*
> *De lur espées ferir e capleier!*

bei *M v 1781* ganz dasselbe: *Chi doncha ueist etc.*

CV, т 177 (169) haben: *la ueist hon,* die übrigen (*P, т 84, T, т 69, L, т 47) veissiez (veissez).*

Daher ist die Wendung und zwar in der Form von *O* gesichert.

Man beachte die Erweiterung der Versionen:

CV v 9: *la ueist hon un estor si pleinier*
         lon   plegner
    tant escu frait tant espie briser
            fandre tante espee
    tant blanc osberc derompre et desmailier
            auberc desrompre   desmailler
[V+] tant pie e tant poing tante teste trencher
    tant bon ceual fuir tot estraier
            cheuals   e   trastorner,

ebenso lassen *P* und *L* 3 Sätze mit *tant,* *T* wie *V* sogar 4 Sätze mit *tant* folgen.

v 1970: Die Tapferkeit Oliviers wird (wie *v 1341* bei *R.)* uns vor Augen geführt.

> *Qui lui véist Sarrazins desmembrer,*
> *Un mort sur altre à la terre geter*
> *De bon vassal li poüst remembrer.*

M zeigt den ganz gleichen Vers, ebenso weisen die übrigen Versionen ähnliche auf, *P* mit üblichen Erweiterungen.

v 3389:

> *Là véissez la terre si junchiée,*
> *L'herbe del camp, qui ert vert e delgiée*
> *sc.: Del sanc qu'en ist est tute vermeilliée;*

bei *M v 3555* wörtlich dasselbe.

CV, т 306 (301) haben dafür folgende Stelle:

> *dex tante lance i ot le ior brisee*
> *[V+] et tante espee oschee et tronchonee*

> *tant mort gesir dont la terre est ionchee*
> *iesir*
>
> *lerbe del camp   qi ert uerte   dolgee* ⎱ etc.;
> *champ   qui   uerde et delgee* ⎰

auch *P, T 223* bringt einen Ausruf und Erweiterungen:

> *dex tante lance i ot le ior froisie*
> *et tante targe et froee et percie*
> *des abatus est la terre ionchie*
> *lerbe des pres qui iert uers et dongie etc.*

T, T 197 ist ähnlich, jedoch ohne Ausruf.

Bei allen Bearbeitungen kommt somit der Vers, in dem *veïssez* steht, vor; dieser ist also für die älteste Vorlage derselben gesichert.

Indessen haben nur *O* und *M* *veïssez;* trotzdem ist dieses stilistisch vorzuziehen.*) Denn sehen wir uns *CV* an, so ist in dem entsprechenden (dritten) Verse: *tant mort etc.* ein schwerfälliger Relativsatz *(dont la t)* zu der Schilderung verwendet, während doch das alte Epos vor allem Beiordnung liebt,[14] *P* und *T* bieten ihrerseits in gleicher Weise: *des abatus est —,* einen Vers, dessen Bau kaum der Sprache unseres Liedes gemäss ist.

Wie leicht und natürlich erscheint dagegen die Form des Verses bei *O* und *M,* welcher alle jene Schwerfälligkeiten und Umstellungen vermeidet.

> *Là véissez la terre si junchiée.*

Damit steht der Vers mit der Wendung für die älteste Vorlage aller fest. Allerdings fällt er in *Bal.* und kommt so für die ursprüngliche Gestalt des Roland nicht inbetracht. Da aber die Einfügung schon sehr früh geschehen sein muss, was die mannigfache Verschmelzung und gegenseitige Beeinflussung beider Teile, des ursprünglichen Roland (von Scholle mit *Renc.* bezeichnet) und von *Bal.* beweisen, so ist die Konstatierung eines solchen Verses für die zunächst rekonstruierbare Vorlage immerhin wichtig.

---

*) Hier ist derselbe Fall wie bei *v 1341 p. 25.* Daher ist bei der wohlangebrachten Verwendung von *veïst,* bezw. *veïssez* gegen Perschmann in beiden Fällen auf Ursprünglichkeit zu schliessen. Dies wird durch häufige Anwendung der Formeln in den jüngern Versionen in Nachahmung der ältern bestätigt.

[14] Gröber, Ztschr. VI. 492 ff. betont die Vorliebe für Beiordnung.

v 3473:

> *Qui puis véist les chevaliers d'Arabe,*
> *Cels d'Ociant e d'Arguille e de Bascle!*

bei *M v 3642* fast wörtlich dasselbe, ebenso bei allen übrigen Versionen, *CV* zeigen *la ueissez.*

Der Vers (welcher auch zu *Bal.* gehört) ist daher für die älteste Vorlage mit *Bal.* gesichert.

v 3483: Hier haben wir Häufung der Wendungen zur Erhöhung der Lebhaftigkeit, wie sonst nirgends.

> *Qui dunc véist cez escuz si malmis,*
> *Cez blancs osbercs qui dunc oïst fremir,*
> *E cez escus sur ces helmes cruissir,*
> *Ces chevaliers qui dunc véist caïr!*

M v 3652 ff. zieht die zwei erstgenannten Verse zu einem zusammen, was freilich den Sinn beeinträchtigt *(ueist-fremir!),* stimmt jedoch sonst mit *O* überein;

CV, т 314 (309) geben die Stelle wieder durch:

> *Meint riche escu iot le ior croissi*
> *maint   scu   loit*
> *et meint osberc desrot et desarti*
> *maint auberc   dessarti*
> *la oissiez si grant noisse et tel cri etc.,*

nehmen also nur *oïssiez* nach *oïst* bei *O* auf, was bei *M* fehlt.

Г, т 235 hat auch nur einmal eine subjektive Wendung:

> *qui dont ueist ces cheualiers cheir;*

T, т 207 hat dafür 2 Sätze mit *maint* und einen mit *tant.*

Demnach ist *O* allein vollständig; *M* lässt einen Vers aus, den *CV* wie *O* aufweisen; *P* bringt bloss einen und *T* keinen mit der betr. Wendung, d. h. die jüngern Bearbeitungen haben teils geändert, teils gekürzt. Denn die Häufung bei *O* scheint um so wahrscheinlicher und motivierter, als es sich um den letzten entscheidenden Kampf und die Ausführung der Rache für Roland und seine Genossen handelt.

So ist diese Stelle entsprechend *O* als in der frühesten Vorlage

altern

mit *Bal.* vorhanden anzusehen. Dazu ist zu bemerken, dass in de~~m~~ jüngern Teile *(Renc.)* nie eine ähnliche Häufung vorkommt.

C geht hier wieder im Gegensatz zu allen andern allein m~~it~~ O (*oïst-oïssiez*).

M bringt gegenüber O unsere Wendung:

v 1312 bei Schilderung des Kampfes:

> *La ueistes tant ast sanglitent*
> *E tot confalon rompere insement*
> *Tant bon françois perdere lor Juent etc.*

O hat dafür *v 1398*:

> *Fierent li un, li altre se defendent;*
> *E tante hanste i ad fraite e sanglente,*
> *Tant gunfanun rumput e tante enseigne*
> *Tant bon Franceis i perdent lur juvente etc.*

CV, T 150 (142) weisen auf:

> *v 3 ff. se li uns lasse lautre est defendant*
> > *li altre   defendanz*
> *la ueist on tant uert eume luisant*
> > *lon   elme luisanz*
> *et tant escu a or reflanboiant*
> > *reflamboianz*
> *tant bon osberc safre et iacerant*
> > *boen   saffre   iaceranz etc.,*

P, T 50 ganz ähnlich, ebenso *L, T 19;*
bei *T, T 43* ist nur der dritte Vers etwas verändert:

> *tante hante rede tant goufanon pendant.*

So stehen *M, C, V, P, L, T gegen O;*
da bei den genannten Versionen die Art der Darstellung keineswe~~gs~~ gegen *reissez* oder *ueïst on* spricht, so würde die überwiegende Meh~~r~~zahl schon genügen, um die subjektive Wendung als ursprünglich an~~zu~~zunehmen.

Ausserdem sprechen noch zwei Gründe hiefür:

1) *CV, P, T, L*, welche mit *M* gehen, haben den vorhergehe~~nden~~ Vers *(O 1398)* mit O gemeinsam, der bei *M* fehlt, also müsse~~n~~ sie auch eine O verwandte Quelle benutzt haben (oder umgekehrt).

2) Ferner beginnt *v 1399 (O)* mit der Kopula „*E*", was hier als Fortsetzung wenig geschickt ist und als zu *fraite* gehörig [15]) mindestens schwer verständlich sein würde.

Demgemäss trifft *M* mit den übrigen Versionen das Richtige, und *veïssez* oder eher *ueïst on* ist als ursprünglich gesichert.

M v 1367

> *La ueiseç hon li plaines si uestue*
> *Tanti saraçin çasir sor lerba dure*
> *Tanti blanchi oberg tant brune ki reluse*
> *Tant ast fraite tant insigne rompue.*

Die Wendung wird durch *CV, T 153|54 (145|146), P, T 51|52, L, T 20|21* bestätigt. Die entsprechenden Tiraden vermissen wir bei *O*; sie stammen aber nach Müller II. p. 137 sehr wahrscheinlich aus dem Original.

Endlich:

M v 3588: Es wird von Malprimis' Thaten erzählt:

> *Chi lui ueïst i geter lun mort sur lautre.*

Der Vers findet sich weder bei *O v 3421 ff.*, noch bei *CV, T 308* und *P, T 228*.

Der Eingang der Tirade entspricht ganz einer frühern Stelle *v 1338|1340 ff. (O)* (cf. p. 25), wo die Worte sich auf Roland beziehen. (Der Vers selbst gleicht *v 1341* und *1970|71 [O]*).

Nun werden an obiger Stelle *(v 1341 ff.)* die Thaten des Helden mit *qui lui véist* und den folgenden Versen näher ausgeführt, während hier bei *M* direkt auf den einen Vers 3588 der überall gleiche: „*Naymes li ducs etc.*" folgt, welcher die Schilderung unvollständig lässt, sogar jäh abbricht und eine ganz andere Person in den Vordergrund der Handlung stellt. Daher hat *M* den Vers von den frühern Stellen heraufgenommen; dies scheint um so glaubwürdiger, als wir es hier wieder mit *Bal.* zu thun haben und eine ähnliche Entlehnung nicht selten und leicht erklärlich ist.

---

[16]) *Génin, Gautier* setzen *e fraite et s.;* es ist jedoch bei Annahme von *veïssez* kein Grund zur Änderung vorhanden.

Hieraus ergiebt sich:

1) Weitaus in den meisten Fällen ist *veïss(i)ez* oder *reïst on* allen Handschriften gemeinsam.

2) In zwei Fällen gehen *O* und *M* gegenüber allen andern Lesarten zusammen und scheinen hier aus derselben und ursprünglichen Vorlage (*u*) geschöpft zu haben.

Daher ist *veïss(i)ez* schon der ältesten Vorlage eigentümlich und zu ihrer Abfassungszeit stereotyp.

3) *C* zeigt auch hier einmal auffallend nahe Beziehung zu *O*.

b) Wendungen in den andern Versionen.

Eigentümlicherweise sind diejenigen Stellen, in welchen *veïss(i)ez* schon als in der frühesten Quelle vorhanden anzunehmen ist, weniger Gegenstand der Überarbeitung und Erweiterung gewesen als solche ähnlicher Art.

Wendungen wie *veïss(i)ez* etc. sind meist verbunden mit Pron. demonstr. und indef., welche zur Verstärkung nicht wenig beitragen, so mit *cil, maint, tant*. Umgekehrt aber stehen solche Pronomina oft auch allein bei analogen Schilderungen. Wenn nun die Reimredaktionen da und dort mit diesen allein sich begnügen, wo *O* und *M* *veïss(i)ez* dazu aufweisen, so geben andererseits solche Pronomina in der Vorlage von *O* und *M* Anlass zur Erweiterung, durch das oft damit verbundene *veïss(i)ez* und zur Häufung von Sätzen mit *cil, tant* oder *maint* in den jüngern Bearbeitungen.

Z. B. *O v 1452*: Beim Heranrücken von Marsilies wird auf die glänzenden Waffen aufmerksam gemacht.

Dies geschieht bei *O* und *M* einfach durch Hinweis mit *cil*:

O   Luisent cil elme as pierres d'or gemmées
     E cil escut e cez brunies safrées;

ebenso bei *M 1424*; *CV* lassen die betr. Tirade aus.

Die Reimredaktionen alle fügen das übliche *veïssiez* oder *ueïst on* hinzu und erweitern bedeutend:

P, T 56 v 4: la ueïst on tante targe roee
            tant point escu tante selle doree
            tant fort espie tante lance aceree etc.

P, T 58 v 6: la ueissiez tant enseigne fermee etc.,
lässt noch 4 Verse mit 7maligem *tant* folgen.

T, T 49 v 4 la ueissiez tant etc. mit ähnlichen Versen und
4maligem *tant*.

L, T 25 la ueist lon etc. mit 2 Versen, welche aus *P, T 58*
herübergenommen sind.

Der Grund der Erweiterung ist vor allem die häufige Verbindung von *reiss(i)ez* und derartigen Pron. Hierbei konnte noch ein
äusserer Anlass mitgewirkt haben:

M v 1423 hat: *Veite eschere a li roi anomee.*

Wenn man annehmen darf, dass auch *M* oder vielmehr die wohl
zu vermutende Vorlage häufig kopiert wurde, so scheint nicht unmöglich, dass dieses *veite* am Anfang des Verses von einem Schreiber
falsch verstanden und als eine Form von *reoir* angesehen wurde; es
ist auch deshalb wahrscheinlich, weil *P, T 58, L, T 26* keine Zahl angeben, dafür aber in demselben Verse *ueissiez* bezw. *ueist on* bringen.

Dasselbe zeigt

O v 1808: Die Waffen, welche in der Abendröte erglänzen,
werden besonders erwähnt durch Hinweis mit *cil:*

> *Cuntre soleil reluisent cil adub,*
> *Osberc e helme i getent grant flambur,*
> *E cil escut qui bien sunt peint à flurs,*
> *E cil espiet, cil oret gunfanum.*

Ebenso bei *M v 1913.*

Entsprechend mehr oder weniger erweiternd zeigen *P, T 99,
T, T 85, L, T 57 ueiss(i)ez etc.*

Ohne durch *cil* oder ein anderes Pron., aber höchst wahrscheinlich durch die eben genannte Stelle veranlasst, findet sich in der
unmittelbar vorhergehenden Tirade bei allen Bearbeitungen, ausser
O und *M, ueissiez, qui donc ueist:*

O v 1797: Die Franken rüsten sich zum Kampfe. Bei dieser
Gelegenheit macht der Dichter bei *O* und *M* kurz auf die Güte ihrer
Waffen und die Farbe ihrer Feldzeichen aufmerksam.

> *Franceis descendent, si adubent lur cors*
> *D'osberc e d'helmes e d'espées à or;*

3

> *Escuz unt genz e espiez granz e forz*
> *E gunfanuns blancs e vermeilz e blois;*

ebenso bei *M v 1902 ff.*, welches den letzten Vers auslässt; *CV, T 193 (186)* erweitern:

> *v 3): la ueissiez tant osberc endosser etc.,*
>   *auberc endoser etc.*

> *v 6): qi les ueist sor ces cheuas monter;*
>   *qui   cheuals*

P, T 98 erwähnt sogar noch den Kriegsruf:

> *v 3): qui donc ueist ces haubers endosser etc.,*

> *v 6): qui dont oist Monioie reclammer;*

auch *T, T 84* und *L, T 56* bieten *qui donc ueist.*

O v 3125: Der Aufbruch Karls zum Rachekampf wird geschildert:

> *Passent cez puis e cez roches plus haltes,*
> *Cez vals parfunz, cez destreiz anguissables etc.;*

ähnlich *M v 3312;* die andern Versionen erweitern nicht;

CV, T 288 (283) dagegen beschreiben nicht nur den Vormarsch über Berg und Thal, sondern berichten genauer den Abmarsch und die Ankunft, das Abbrechen und Errichten der Zelte:

Letzteres in *v 9:*

> *la ueissez tant paissons esrager*
> *ueissiez   paisson estachier*
> *tant paueillons tantes tentes ploier*
>   *tendes   etc.*

das Gegenstück

> *v 21: la ueissez mainte tente drecer*
>   *ueissiez   tende drecier etc.*

O v 3306 (M v 3476) weisen mit *cil* auf die Rüstung, die Waffen, die Trompeten u. s. w. hin, was bei *CV, T 300 (295)* und *P, T 212* durch *ueiss(i)ez etc.* erweitert wird.

Endlich sei noch auf eine Stelle hingedeutet, welche zeigt, wie allgemein gebräuchlich und formelhaft diese Wendungen waren:

> *O v 817: De XV lues en ot hum la rimur,*

ähnlich bei *M v 768.*

Dagegen *CV, T 73* geben den Vers mit dem viel geläufigeren

de · llll· lieues oisiez la rulmor
XV   oissiez   rimor

wieder.

Diese Beispiele mögen genügen, um den beliebten Gebrauch von *veiss(i)ez [oiss(i)ez] etc.* darzuthun.

III.

Der Dichter bezeugt an gewissen Stellen seine rege Teilnahme an allem, was vorgeht. Er unterbricht (oft) die Erzählung und giebt seiner Freude über glückliche Ereignisse und seiner Bewunderung für einzelne hervorragende Helden Ausdruck. Bei drohender Gefahr lässt er seine Angst und Besorgnis erkennen.

Dies geschieht

I₁) entweder durch einen Ausruf des Staunens oder des Bedauerns;
II₁) oder durch eine vorgreifende Bemerkung über die Dinge, die da kommen sollen (in der Regel am Schluss der Tirade), wobei er die Möglichkeit des Sieges oder der Niederlage erwägt.

a) Wendungen bei *O* (bezw. *M*).

I₁) Ausrufe:

v 716 Karl ist mit seinem Heere in der Richtung nach Frank-reich abgezogen, Roland mit seiner Schar zurückgeblieben. Gegen diese(n) rücken ohne ihr Wissen die Sarazenen, gut bewaffnet und in unendlich überlegener Anzahl. Daher der Ausruf des Bedauerns am Schluss der Tirade:

Deus! quel dulur que li Franceis ne l'sevent!

Bei *M v 646: A qual dol de frança lu masnee!*

CV, T 61 (62) erweitern zu 2 Versen:

a dex de gloire cum male destinee
*   glorie com*
quant or nel seuent nostre ient honoree
*   quor   gent honeree.*

Der Vers ist durch die 4 Handschriften gestützt als ursprüng-lich anzusehen, und zwar gebührt der Form von *O* der Vorzug vor *M*. Sie ist natürlicher, ungekünstelter als letztere, welche dem

Reim zuliebe *masnee* am Versende aufweist. Ausserdem spricht die Ähnlichkeit der Wendung in *CV* dafür, deren nahe Beziehung zu *O* wieder zu beachten ist.

v 1183 Schilderung zum Beginn des Kampfes:

> *Puis si chevalchent, Deus! pur si grant fiertet.*

M zeigt *v 1106: François ciualcent per si grant ferter.*

Die andern Versionen weisen keinen Reflex dieses Verses auf. Ein Grund, denselben deswegen auszuscheiden, liegt nicht vor (gegenüber Perschmann).

Jedoch ist die Form von *M* die wahrscheinlichere, denn wir begegnen in derselben Tirade schon 2 verschiedenen (unter I. und II. p. *18/24* besprochenen) subjektiven Wendungen, während eine derartige Häufung sonst nur ein einziges Mal und zwar in *Bal.* sich findet, dort aber aus bestimmten, schon erörterten Gründen. Dann ist es mehr als wahrscheinlich, dass bei der Beliebtheit solcher Wendungen ein Ausruf von den Überarbeitern und Sängern der jüngern Redaktionen aufgenommen worden wäre.

Daher wird er wohl durch den kurz darauf folgenden Vers bei *O (1196)* veranlasst sein.

v 1196: Als Roland den Neffen von Marsilies schmähen und drohen hört:

> *Quant l'ot Rollanz, Deus! si grand doel en out!*

M v 1119: Rollant lintend cum grant ira el noit!

Bei den übrigen Bearbeitungen *CV*, T *131 (123)*, *P*, T *31*, *T*, T *28*, *L*, T *3* steht der Vers in dieser Form nicht. Ob jedoch letztere das Ursprünglichere aufweisen, ist trotzdem zweifelhaft.

Denn hier ist ein Ausruf motivierter als oben. Ferner haben sämtliche jüngern Versionen gleichen Reim auf —*ie* und zeigen zumteil auch sonst grössere Übereinstimmung; also scheint die Majorität derselben von geringer Bedeutung:

CV: R. lentent li cuers len retentie

                le

P: Rollans   li atenrie

T: quant loit Roullant le cuer li atendrie

L: Rollanz lentant   en soplie.

Die Form von *CV*, *P*, *L* deutet in der ersten Vershälfte auf nahe Beziehung zu *M*, während die von *T* an *O* sich anschliesst. Nun zeigen aber *T* sowohl als auch *CV*, *P*, *L* ein und dieselbe Form (nicht Ausruf) in der zweiten Vershälfte, also muss ein Grund zur Änderung vorhanden gewesen sein. Dies mag der Reim gewesen sein.

So kann der Ausruf (in der Form von *O)* wohl in der frühesten Vorlage gestanden haben.

v 1849:

> *Deus! quels seisante i ad en sa cumpaigne!*

Der Ausruf kommt sonst nirgends vor.

Einen entsprechenden Vers enthalten unter sich übereinstimmend nur *M* und *C*.

M v 1939: Morti sunt ses home mort seno sexante;

C, T 199: mort sunt li sien ne sunt qe soul · L ·

Die Versionen alle, auch *M*, bieten zwei weitere Tiraden, welche jedoch nach Müller II. p. 193 nicht im Original gestanden haben können.

Der Ausruf bei *O* ist unmotiviert: Wenn er inmitten der lebhaften Schilderung der Genossen Rolands und ihrer Thaten stände, so läge die Sache anders. Allein hier, am Ende einer Tirade, in welcher von der Angst K a r l s und des H e e r e s um Roland erzählt wird, »der mit den Sarazenen im Kampfe sich befindet«, ist der plötzliche Ausruf: „Gott! Welch' tapfere 60 hat er um sich!« geradezu überraschend. Denn bis jetzt war vor allem von K a r l die Rede, Roland trat keineswegs in den Vordergrund der Erzählung.

Gegen die Form des Verses von *M* ist nichts einzuwenden, um so weniger, als sie durch *C* gestützt wird, das eine *O* und *M* nah verwandte Vorlage benutzt haben muss, da es ergänzend ganze Verse und Assonanzen (!) bald von *O*, bald von *M* aufweist.

Dazu kommt, dass sich ähnliche Verse früher finden:

O v 1688: Tuit sunt ocis cist Franceis chevalier,

> *Ne mais seisante que Deus ad espargniez.*

M v 1788: Tuti son morti françois per reuelle,

> *Seno sexante che deo lor a scampe.*

Diese werden in dem einen besprochenen Verse verkürzt wieder-

holt, wie solche Wiederholungen von früheren Stellen nichts Seltenes
sind. *M* giebt sie so ohne den unbegründeten Ausruf wieder.

Wie dieser in die Vorlage von *O* oder nach *O* selbst gekommen
sein mag, scheint sich aus einem Vergleiche mit den jüngern Redaktionen erklären zu lassen:

Die entsprechenden Tiraden *P*, *T* 99, *L*, *T* 57 führen am Ende
(*v* 15) Karl für sein Volk betend ein:

P: dex dist li rois par ton sain tisme nom etc.

L: diex dit   per   saintime   non etc.

ferner die Erweiterungen bei *CV*, *T* 195 (188), *P*, *T* 100, *T*, *T* 87,
L, *T* 58, welche *O* nicht hat, geben den *v* 1943 von *M*:

Ço dit li roi sean Maria aine

ziemlich gleichmässig wieder durch:

CV: diex dist li rois beax pere roiemant
     dex   bels   raimant
P: il peres urais rois omnipotens
T: dieu   ly roy beau pere pasmans
L: diex   li rois biauz   toz poissanz,

d. h. *P* und *L* beginnen gegen Ende der Tirade das Gebet mit *d(i)ex!*,
die erweiternden Tiraden, welche nur bei *O* nicht stehen, thun dies
im vierten Verse noch einmal.

So ist nicht ausgeschlossen, dass der Kopist von *O*, welcher verschiedene Quellen vor sich hatte, die in einer Vorlage vorhandenen
Zusatztiraden — *M* und die jüngern Redaktionen müssen diese doch
auch aus einer Handschrift geschöpft haben — kürzte, aber durch das
mit *deus* anfangende Gebet zu einem freilich schlecht angebrachten
Ausrufe mit *deus (v 1849)* veranlasst wurde. Dies ist auch darum
leicht möglich, weil *O*, worauf schon von verschiedenen Seiten hingewiesen wurde und wie dies im Verlaufe der Untersuchung noch
zutage treten wird, öfters kürzt.

v 2505 bietet die kürzeste und einfachste Form des subjektiven
Ausdrucks des Dankes: Bei Erwähnung von *Joiose*, dem Schwerte
Karls, einem Stück Reliquie, sagt der Dichter:

Carles en ad l'amure, mercit Deu!

(*en* = von der heil. Lanze, mit der Christus am Kreuze verwundet wurde).

Derselbe Vers steht bei *M v 2697*.

CV, T 253 (248), L, T 107 haben dafür keine subjektive Wendung.

P, T 153 erweitert den Vers zu:

> *v 10: Karles en ot par la deu uolente*
> *lamore o soi ce sachiez par uerte;*

T, T 135 führt Karl redend ein:

> *v 8 „barons", dist Charles, „or oez mon pense*
> *en lonnour dieu soion cy hostele."*

Durch die Reflexe bei *M, P* und *T* ist der Ausdruck für die älteste Vorlage gesichert.

v 3164 bei der Beschreibung von Baligant:

> *Deus! quels rassals, s'oüst chrestientet!*

M v 3348: De! qual uasal sel fust cristier!

P, T 200 v 8 entspricht *O, T, T 177 v 7* entspricht *M* (nur *baptise* st. *cr.*).

CV, T 290 (285) zeigen wieder Erweiterung; sie beginnen auch mit *deus:*

> *v 23 dex or uos puis bone chanzon chanter*
> *des   pois   cançon*
> *dune bataille qi tant fist a doter,*
> *   qui*

wenden aber die Sache anders und verwerten den Ausruf zu einer neuen Ankündigung, wie sie sich in den spätern Epen zahlreich finden. Dies rührt jedenfalls von einem Jongleur her.

Der Ausruf ist durch *O, M, P* und *T* für die früheste Fassung mit *Bal.* gesichert.

Dass aber auch der originalere Teil, *Renc.*, noch mehrere solcher Ausrufe gekannt, geht aus den sogleich zu behandelnden Fällen hervor, von welchen der eine *(M v 1399)* dem obigen sehr nahe kommt. Wenn *Bal.* durch besondere und spezielle Wendungen vielfach von *Renc.* sich unterscheidet und als fremder Teil zu erkennen ist, so beweist die Ähnlichkeit der beiden Fälle andererseits, wie sehr ein Überarbeiter oder vielleicht derjenige selbst, der *Bal.* einfügte, bemüht war, das Ganze in einen Guss zu bringen und Fremdes zu verschmelzen. (Scholle.)

Es sind noch einige Ausrufe zu erwähnen in Tiraden, welche bei *O* ausgefallen sind, jedoch zum Original gehören.

M v 1372: (cf. Müller II. p. 137).

> *Deo! si grant pene liest soura corue!*

Der Vers ist bei allen andern Versionen erhalten, so *CV, T 154 (146), P, T 52, T, T 45, L, T 21,* so dass an seiner Ursprünglichkeit nicht zu zweifeln ist. Dagegen spricht auch der Zusammenhang nicht.

M v 1399: Deus qual baron, se il fust cristie (cf. v 3348); dieser steht zwar nur noch bei *T, T 48:*

> *v 8: dieu quiel baron se il fust baptisiez,*

fehlt sonst überall ganz.

Es ist auffallend, dass der ganz ähnliche (cf. *O v 3164*) Vers, welcher bei *Bal.* steht, durch alle andern Bearbeitungen belegt wird, unser Vers dagegen nicht. Daher scheint seine Ursprünglichkeit zweifelhaft. Zu betonen ist dort wie hier die Gleichheit von *M* und *T: (se il fust.)*

M v 1639 in einer Kampfesschilderung:

> *Deo! quant teste lie per meço partie,*
> *Auberg desdot et brune desartie,*

dieser fehlt bei *O (v 1610 ff.),* wird dagegen durch *CV, T 172 (164), P, T 75, T, T 64* bestätigt.

Wenn bei *M v 1730* dieselben 2 Verse wiederkehren und auch bei den andern Redaktionen sich einstellen (bei *O* fehlen die betr. Tiraden), so handelt es sich um eine der üblichen Wiederholungen, deren Ursprünglichkeit jedoch (innerhalb 300 Versen) beim Rolandsliede zweifelhaft ist.

II₁. Vorgreifende Bemerkungen:

O v 810: Roland beauftragt Gautier de l'Hum, mit 1000 Mann den nächsten Hügel zu besetzen. Am Ende der Tirade sagt der Sänger das über ihn kommende Unglück voraus (über die Depravation der Stelle cf. Gröber l. c.):

> *N'en descendrat pur malvaises nuveles,*
> *Enceis qu'en seient VII C espées traites.*
> *Reis Almaris del regne de Belferne*
> *Une bataille lur livrat le jur pesme.*

Während *O* das Unglück nur ganz allgemein andeutet, nennt *M* schon die Zahl des Verlustes. Freilich, wie leicht zu sehen ist, veranlasst durch *O*.

> *v 750: No desenderon per nulla geut au'erse,*
> *Tres qui a sexcent en perderon le teste,*
> *Ço fu almaitin de regno de baiuerne,*
> *Una bataila quel çorno li de pasme.*

Da die andern Versionen *(CV, T)* entsprechende Stellen haben, so ist die vorgreifende Bemerkung für die Vorlage des auf uns gekommenen (ältesten) Gedichtes festgestellt.

Interessant und lehrreich sind die Erweiterungen und die Art derselben in den andern Bearbeitungen:

CV, T 71 nennen einmal das L a n d des Königs Almaris, dessen Truppenmacht und führen dann die Angaben über den Verlust — alle fallen bis auf Gautier selbst — näher aus: So bringen sie anstatt 4 der Verse 7 bezw. 8:

> *nen descendra por hom qi soit uiz*
> *ne*
> *si   aura trait VII C braz coleiz*
> *   trez trois C branz coloriz*
> *uns rois paiens qi ot nom Amauriz*
> *un   pagens   Aumabriz*
> *de Biterne ert sire   poesteiz*
> *Biterne est sires et poestiz*
> *[V+] en sa conpaigne ot XX mille arabiz*
> *les ior les a toz destrencie et onciz*
> *le   malement desconfiz*
> *fors soul Gautiers qi sen est departiz*
> *Gauter*
> *qi a garant tint ·R· lo marqiz*
> *qui   garent tret   le*
> *(trait und VII C weisen auf O hin!)*

Denselben Reim bietet *T, T 5*, welches auch 8 Verse enthält, 200 000 Sarazenen und »Bitrine« als Geburtsort des Königs nennt, welcher diesmal Margaris heisst. *T* zeigt sonst durch Reim und Inhalt und zumteil ähnlich lautende Verse enge Beziehung zu *CV*, was im übrigen selten geschieht.

Die nächstfolgende Tirade von *M*, welche bei *CV* und *T* auch vorhanden ist, fehlt bei *O*. *Müller* II. p. 78 hält sie für nicht notwendig, da sie nichts biete, was für das Verständnis des Zusammenhanges notwendig, sondern nur andeute, was in den nächsten Tiraden erzählt werde, und ausserdem auf das über Guenelon zu haltende Gericht hinweise. *Gautier* dagegen hat sie mit Recht in den Text aufgenommen. Denn *Müller* sagt selbst, bei *Kr* finde sie sich zwar nicht, jedoch in der anord. Bearbeitung (*Ks*). Nun hat Pakscher in seiner Arbeit einerseits nachgewiesen, dass *Krs.* Werk eine freie Umarbeitung der Vorlage (*α*) ist und keineswegs die Absicht hat, dieselbe genau wiederzugeben — also kommt das Fehlen unserer Tirade bei *Kr* wenig oder gar nicht inbetracht — dass andererseits *Ks* auf eine verhältnismässig alte Vorlage — älter als die gemeinschaftliche von *O* und *J*, zurückgehe. Mag dies letztere (nach Scholle) auch zu weit gegangen sein, ein hohes Alter darf demnach *Ks* doch beanspruchen.

Wenn wir nun die Tirade auch bei *Ks* finden, ferner bei *M*, *CV* und *T*, so lässt sich gerade gegen Müller schliessen, dass kein Grund da ist, sie als im Original, bezw. der ältesten Vorlage, nicht vorhanden anzunehmen. Ob sie Neues bietet oder nicht, ist gleichgültig (cf. Stengel a. a. O.); dem Sinne nach ist nichts dagegen einzuwenden, und die Hinweisung kommt auch an anderer Stelle vor.

Dies wurde näher ausgeführt, weil für uns die vorgreifende Bemerkung vonbelang ist, welche in derselben steht und daher auch der ältesten Fassung zuzuschreiben ist:

M v 760: Bataila aura or li secora de!
> *Gaino li fol traito e li sperçure*
> *Nala uoir pris chil oit reçelle*
> *Ad Asia in frança po fo a mort çuçe*
> *Or se comença la geste e lo berne.*

Der erste Vers (bei welchem noch der Wunsch bemerkenswert ist) lautet bei *CV*, *T* 72 und *T*, *T* 6 entsprechend, auch die zwei folgenden Verse haben Reflexe.

Über die beiden letzten ist weiter unten (pag. 49) in anderem Zusammenhange zu entscheiden.

v 859 Marsilies hat sein Heer aufgeboten und zieht damit gegen die Nachhut Karls, welche unter Rolands Kommando steht. Von weitem sehen die Sarazenen die Fähnlein der Franken. Dies veranlasst den Dichter zu dem naheliegenden Schlussverse:

> *Ne lesserat bataille ne lur dunt.*

Der Vers ist in diesem Zusammenhange kaum als subjektiv zu bezeichnen, weil er eben durch die ganze vorhergehende Erzählung gleichsam vorbereitet und gegeben wird und daher den Gang der Handlung nicht unterbricht.

— Derartige Verse sind als die einfachsten und natürlichsten Anfänge von später zahlreicher und ausführlicher werdenden vorgreifenden Bemerkungen anzusehen. Sie vertragen sich ganz gut mit der Sprache des ältesten Epos und können daher auch in der frühesten Vorlage gestanden haben. —

v 813 bei *M* bietet so ziemlich dasselbe, ebenso wie *C*, *T* 75.

Dagegen *V*, *T* 76 und *T*, *T* 9 zeigen, wie es Überarbeiter verstanden haben, einfach schöne Stellen durch Erweiterung und Umarbeitung zum Nachteile zu verändern:

> *V: bataille en iert des culuers des gloton*
> *des gart Franceis par ses santismes non;*
> *T: bataille aront de paien mauues felon,*
> *dieu leur aist par son santiesme nom,*

d. h. sie fügen noch einen Wunsch bei, drücken dadurch ihre Angst für die Franken aus und weisen so schon auf das kommende Unglück hin. Auch sind beide Verse inhaltlich sehr ungeschickt angeschlossen.

Denn in der ganzen Tirade war von Marsilies und den Sarazenen die Rede, welche bei ihrer Annäherung die Feldzeichen der Franken erblicken. In den zwei Versen am Schluss treten auf einmal, bei *V* logisch, bei *T* auch grammatisch, die Franken als Subjekt in den Vordergrund, was die Darstellung entschieden beeinträchtigt.

v 1402 ff.: Die Niederlage und der Tod vieler wird vorausgesagt, ebenso wie auch die Bestrafung von Guenelon:

> *Ne reverrunt lur meres ne lur femmes,*
> *Ne cels de France qui as porz les atendent.*
> *Karles li magnes en pluret, si s'demente.*
> *De ço cui calt? N'en avrunt sucurance etc.*

bei *M v 1315 ff.:*

> *Ça mai no li ueront ni pares ni parent*
> *Ne çil de frança che al port les atent*
> *Da qui de çarlo no auront il secorent etc.*

bei *M* fehlen 2 Verse. Die andern Versionen *CV, T 150, (142), P, T 50, T, T 43, L, T 19* enthalten ähnliche Verse wie *O* und bestätigen daher die Ursprünglichkeit derselben. Über den ersten Vers von *O* und *M* siehe unten. Ausserdem veranlasst die Erwähnung von Guenelon und seiner Bestrafung Erweiterungen und Ausschmückungen. *CV* fügen sogar eine Quellenberufung hinzu (cf. Punkt *B.*)

Die Frage bei *O 1405: de ço cui calt?* steht auch bei *C, P, L,* dagegen bei *M* und *T* nicht! Der Kopist von *M* scheint sie falsch gelesen und verstanden zu haben, wenn er dafür schreibt: *da qui de Çarlo*, was äusserlich Ähnlichkeit mit den obigen Worten besitzt und auch guten Sinn giebt. Was nun ursprünglich ist, dürfte fraglich sein. Denn die Frage kommt noch verschiedenemale vor, auch bei *M* (*v 1910* und *v 2038*) und ist so nicht ohne weiteres zu verwerfen. *C* bietet sie zweimal, auch in *T 151*, in welcher es mit *P, T 50, T, T 43, L, T 49* geht. Näheres ist noch bei der Behandlung dieser Fragen insgesamt darüber zu sagen.

> *v 1421: Ne reverrunt ne peres ne parenz*
> *Ne Carlemagne qui as porz les atent;*

M v 1335 hat der kurz vorhergehenden Stelle (*v 1315*) gemäss mit jener fast gleichlautend:

> *Ne li ueront ne pares ne parant*
> *Ne limperere che al port les atant.*

Die andern Handschriften zeigen übereinstimmend in verschiedenen Varianten *[CV, T 151 (143) v 14, P, T 50 v 33, T, T 43a v 12, L, T 19 v 36]:*

> *mais ne uerront ne amis ne parens;*

dagegen weisen sie für den früheren Vers *M v 1315* und *O v 1402* (cf. pag. 44) unter sich gleich einen Relativsatz auf:

CV, T 150 r 10: qi   pais ne uirent ni moillers ni enfant
                              qui mes   ne moilers ne enfanz,
P, T 50 v 10: qui puis ne uit ne fame ne enfant, ebenso
L, T 19 v 11: qui puis ne uirrent ne fames ne enfanz
T, T 43 v 10: „   „   „ uit   „ fame „ enfant.

Dieser erinnert durch *moillers* bezw. *fames* nicht an *M v 1315*, wohl aber an *O v 1402*.

M bietet zweimal d e n s e l b e n Vers in der g l e i c h e n Form *(ne peres ne para(e)nt)*. Da jedoch der zweite *(1335)* durch Übereinstimmung sämtlicher Versionen *(ne amis ne parens)* bestätigt wird und der erste nicht, so ist offenbar, dass der erste *(1315* bezw. *O 1402)* ihm angeglichen wurde. Nach Übereinstimmung der andern Versionen musste dafür *(1402)* in der ältesten Vorlage ein Relativsatz gestanden haben.

v 1690 am Ende der Tirade:

Ainz que il moergent, se venderunt mult chier.

Der Vers ist ein analoges Beispiel zu *v 855*.

M lässt ihn aus. Dagegen wird er durch *CV, P, T*, welche ihn einige Tiraden kurz vorher haben, als ursprünglich gesichert (cf. Müller II. p. 173).

v 1806 Karl eilt mit seinem Heere Roland zuhülfe. Dass dies vergebens geschieht, sagt der Schlussvers der Tirade:

De ço cui calt? car demuret unt trop;
M v 1910: Deo or cheualt chi tardauano trop.

CV, T 192 (185), P, T 98, L, T 56 bringen die Phrase auch mit den üblichen Erweiterungen, *T* nicht.

So muss hier das Vorhandensein in der Quelle, aus welcher alle schöpften, zugegeben werden.

v 1840 Wiederholung des obigen in 2 Versen:

De ço cui calt? car ne lur valt nient;
Demurent trop, n'i poedent estre à tens.

Die ganze Tirade fehlt überall, gehörte jedoch nach Rambeau zum Original.

Auch *v 1913* kommt die Phrase am Anfang der Tirade vor

und wird durch *M v 2038* und die andern Bearbeitungen bestätigt. Ferner *v 2411: De ço cui chielt, quant nuls n'en respundiet?*

Dieser Vers fehlt in den andern Redaktionen und ist nach Müller II. p. 261 wohl Zusatz des agn. Überarbeiters.

Obgleich sonst alle subjektiven Wendungen des Rolandsliedes in den späteren Epen häufig wiederkehren, so findet sich diese Phrase im Karlsepos kaum oder jedenfalls höchst selten. Ferner macht das viermalige Wiederholen derselben innerhalb eines kurzen Zwischenraumes, wovon in zwei Fällen *O* sie allein bietet, dieselbe verdächtig. Auch hat beim ersten Auftreten derselben der Kopist von *M*, der jedenfalls *O* oder eine ihm verwandte Vorlage mit gebraucht hat, dieselbe anscheinend nicht verstanden (p. 44).

Aus allen diesen Gründen mag, wie beim letzten Verse, die Phrase überhaupt auf agn. Einfluss zurückzuführen und der ältesten Vorlage abzusprechen sein.

r 3025 am Ende der Tirade:

  S'il troevent l'host bataille i iert mult grant.

M v 3213, T, T 167 haben ähnliche Wendungen.

CV, T 278 (273) ziehen den Vers in die Rede Karls hinein.

Es ist wieder eines der einfachen Beispiele am Schluss (wie *v 859* etc. p. 43) und daher nicht zu verwerfen.

Ähnlich kommen gerade in *Bal.* eine Menge solcher Stellen vor, welche nicht subjektiv genannt werden können:

So *v 3030: Ja devers els bataille n'iert luissié,*

ebenso *v 3041: Ja pur murir ne guerpirunt bataille,*

  v 3043: Ainz i murrat que cuardise i facet etc.

Trotz der Futurform sind dies keine subjektiven Redensarten. Sie bedeuten weder eine Reflexion noch ein Vorgreifen, sondern sollen uns eine Charakteristik der Leute und ihrer Führer geben und deren Mut und Tapferkeit erkennen lassen. Dasselbe gilt von *v 3048, v 3051 etc.*

Diese Verse sind, wie ersichtlich, in *Bal.* besonders häufig und ein Merkmal für die Sprache eben der jüngern Episode.

Auch sonst bringt *Bal.* am Schluss der Tiraden noch dreimal in kurzer Zeit Wendungen, welche der von *v 3025* zu vergleichen sind, jedoch durch ihre Häufung (cf. *v 3577* und gleich darauf *v 3587)* die Vorliebe dieses Teils dafür zeigen und schon an Wendungen späterer Epen anklingen.

So *v 3480* am Ende der Tirade:

> *doel i arrat enceis qu'ele departed;*

findet sich bei *M* und *T,* ist bei *C* durch Wendungen in ähnlichem Sinne ersetzt.

Daher für die Vorlage mit *Bal.* gesichert.

v 3577 am Ende der Tirade:

> *Ceste bataille nen iert mais desturnée,*
> *Seinz hume mort ne poet estre acherée,*

also schon zwei Verse! Ebenso bei *M r 3741, CV, T 319 (314), P, T 240, T, T 213.*

Gleich am Schluss der nächsten Tirade:

> *v 3587 Ceste bataille ne poet remaneir unques*
> *Jusque li uns sun tort i reconuisset*;

ebenso *M 3751.*

Diese Verse liefern wieder ein Beispiel für die Erweiterung von verhältnismässig noch einfachen subjektiven Wendungen in jüngern Redaktionen.

Abgesehen davon, dass *CV, T 320 (315)* die Bemerkung bestimmter wenden, wie dies oft geschieht, bietet *T', T 214* eine persönliche Bemerkung und *T, T 215* fleht um Hülfe:

> *T, T 214 v 8: ne remaindra par le mien escient*
> *iucque li uns ara le cueur dolent.*
> *v 12: se dieu ne fust par son commandement,*
> *ia Charles neust recuurement;*
> *T, T 215 v 22: or aist dieu a Charles et sa uertus*
> *car ladmirant est ml't fort et membruz.*

Während so für *Renc.* im ganzen nur 4 vorgreifende — wenn man sie in 2 Fällen überhaupt so bezeichnen kann — Bemerkungen zu konstatieren sind, finden sich in *Bal.* — abgesehen von den verschiedenfach auftretenden Versen mit einem Verbum in Futurform — allein 4 ähnliche Wendungen.

Zum Schluss sei noch eine Wendung genannt, welche in spätern Epen häufig auftritt und dort, bedeutend erweitert, in der Regel
am Anfang eines Gedichtes oder eines neuen Abschnittes, auch in
der Mitte desselben, zur Ankündigung durch einen Jongleur dient.
In *O* findet sie sich 5mal, in *M* nur 2mal.

So 1) *v 179*: Als Karl seine Barone um sich versammelt zur
Beratung über die Botschaft des Marsilies, heisst es am Schlusse der
betr. Tirade in Hinweisung auf den Verrat: *(Guenes i vint, qui la*
traïsun fist): Dès or cumencet li cunseilz que mal prist; leider ist
die entsprechende Tirade bei *M* lückenhaft.

Bei *CV, T 12* ist der letzte Vers *(179)* wiedergegeben durch:

> *v 15: dex or commence tes parole et tex diz*
> > *comence   tex*
> *dont douce France torna en grant esliz.*
> > *tornera*

Dies ist zugleich wieder ein Beispiel dafür, wie Andeutungen
allgemeiner Art in den jüngern Versionen spezialisiert werden;

ferner 2) *v 511*: Als der Verrat wirklich geschieht, weist *O*
gleichfalls darauf hin, wenn auch in anderer Form:

> *Là purparolent la traïsun seinz dreit,* während

M v 417 hat: *Or se comença la traïxon in drieite,*

ähnlich *CV, T 46: hui mai se commence la traison entrois*
> > *mes — comence*

Die Endworte *dreit, in drieite, entrois* lauten ganz ähnlich;
demnach haben alle 3 Handschriften nah verwandte Quellen benutzt.
CV stimmen in diesem Falle mehr mit *M* überein, andererseits in
T 12 (= O v 179) zeigen sie Anklänge an *O v 511: purparolent*
> > *CV, T 12: tes paroles.*

Da diese Worte, wenn auch nicht an entsprechender Stelle, so
doch bei einem ganz analogen Anlass stehen, so scheint die Übereinstimmung kein Zufall zu sein. Damit wäre die Form von *O v 511*
gegenüber der gewöhnlichen Wendung „*se commence(t)*" gestützt. Ein
weiterer Grund dafür tritt durch die Überlegung hinzu, dass das ein-
tönig Formelhafte ein Kennzeichen späterer Epen ist und hier die
Abwechslung durch „*là purparolent*" für Ursprünglichkeit spricht.

Hier sei gleich eingefügt

M v 764:

> *Or se comença la geste e lo berne.*

Die Tirade, in welcher der Vers steht, gehörte (s. p. 42) zur ursprünglichen Vorlage. Über den Vers s. Näheres unten p. 50.

3) *v 3704* kündigt das Gericht über Guenelon an:

> *Dès or cumencet li plaiz de Guenelun;*

4) ebenso *v 3747:*

> *Dès or cumencet li plaiz e les noveles*
>
> *De Guenelun, qui traïsun ad faite;*

entsprechend wird auch die Bestrafung seiner Verwandten gemeldet:

5) *v 3946:*

> *Dès or cumencet l'ocisiun des altres.*

Bei den übrigen Versionen, welche von *v 3682* an mit *M* gehen, steht kein derartiger Vers.

Dass diese Verse gerade im letzten Teile und nur bei *O* innerhalb eines kurzen Zwischenraumes dreimal vorkommen, ist auffallend. Ausserdem stehen sie nur bei Erwähnung Guenelons, seines Verrats und dessen, was damit zusammenhängt.

So ist die Art ihrer Verwendung beschränkt und ungleich. Denn es wäre auch sonst im Gedicht Anlass genug vorhanden gewesen, derartige kurze Ankündigungen zu machen, was nicht geschehen. Ferner war an der ersten Stelle *(O v 179)* die Sache wohl wichtig genug — der Verrat giebt den Anstoss zur Handlung und ist Ursache des Todes von Roland — um besonders hervorgehoben zu werden, andererseits aber haben die 3 letzten Fälle für die Handlung keinen solchen Wert, dass sie gleich dem ersten der Aufmerksamkeit empfohlen zu werden verdienten. Der erste Redaktor hätte den Unterschied dieser Fälle sicher zu würdigen gewusst. Dagegen einem spätern Überarbeiter oder Kopisten kam es nicht darauf an, die für die Handlung besonders wichtigen Momente zu betonen, der Name des Verräters Guenelon genügte ihm, um überall bei dessen Auftreten (also nicht nur beim Verrat, sondern auch beim Gericht über ihn und bei der Bestrafung seiner Verwandten) äusserlich gleichmässig für den Sänger eine Ankündigung anzubringen.

4

Somit ist wohl anzunehmen, dass die 3 letzten Fälle verhält-
nismässigs pätere Einschiebsel sind, ebenso wie *v 764 (M)*, dass *v 511
(O)* in der Form von *O* und dass nur in *r 179 (O)* die Wendung
„*or se commence(t)*" ursprünglich ist.

Oben (p. 46) wurde *de ço cui cult* auf Einschiebung eines agn.
Überarbeiters zurückgeführt. Der gleiche Fall scheint bei einer andern
Frage vorzuliegen:

O r 2812: Si chevalchierent — que fereient il plus?
dagegen *M v 2998: Si ciualcerent ferement cum a pu.*

Auch die übrigen Versionen weisen keine ähnliche Wendung auf:

CV, T 272 (267):

Puis sunt monte ni ot plus atendu

erinnern durch *plus* an *O*, durch die unpersönliche Konstruktion
an *M.*

Hieraus ergiebt sich:

Ad I₁.

1) Schon in der frühesten Fassung des Rolandsliedes finden sich
bei besonderer Gelegenheit Ausrufe.

2) *O* und *M* bringen da und dort abwechselnd Ausrufe, welche
jedoch von Kopisten oder Bearbeitern herrühren.

3) Daher sind sie gegenüber den beiden früher besprochenen
Wendungen in der ältesten Fassung noch als verhältnismässig selten
anzunehmen.

Ad II₁.

1) Auch vorgreifende Bemerkungen kommen schon vor.

2) Sie stehen jedoch nur am Ende einer Tirade und füllen mit
einer Ausnahme *(v 810)* bloss einen Vers. Ausserdem stellen sie sich
gleichsam als Resultat der Erzählung in so engem Anschluss an die
Handlung dar, dass sie kaum das Attribut »subjektiv« verdienen und
nur als Anfänge späterer Erweiterungen zu betrachten sind, gegen
welche sie einen schönen Gegensatz bilden.

3) Auffallend ist die Vorliebe von *Bal.* für solche und ähnliche
Wendungen.

Für die Filiationsfrage ist zu betonen die mehrmalige enge

Beziehung von C zu O gegenüber den andern Versionen, aber auch von C zu O und M zugleich durch Ergänzung beider, ebenso wie andererseits die nahe Verwandtschaft von T und M.

b) Wendungen in den andern Versionen.

Bei der Besprechung von Punkt a wurde schon da und dort auf Erweiterungen der jüngern Redaktionen aufmerksam gemacht, was in jenem Zusammenhange am besten schien. Hier mögen noch kurz einige weitere Beispiele hinzutreten, welche nicht durch gleiche Wendungen, sondern infolge von Bemerkungen ähnlicher Art oder durch den Sinn veranlasst wurden.

So *v 95:* Bei Erwähnung der Gesandtschaft des Marsilies bringt O am Tiradenende einen Vers, welcher kurz und unbestimmt auf die Zukunft deutet:

Ne s'poet guarder que alques ne l'engignent.

Bei *M* ist dafür ein anderer vorhanden (*v 93*), jedenfalls aber ist der obige zugleich mit dem vorhergehenden zu ergänzen, da sonst der Zusammenhang unterbrochen wäre.

CV, T 7 führen die dunkle Andeutung von O näher und klarer aus in Form eines Ausrufs:

v 9: dex qe dolors en France crut le mois
        des quel dolor
[V+] et tantes lermes en plorerent Franzois
    a Monleon a Chartres et a Blois
            Cartres
[C+] et an Anion et par tot Hurepois.

Übrigens haben in dieser Tirade *CV* nicht nur eine O sondern auch eine *M* verwandte Handschrift benutzt. Dies geht daraus hervor, dass sie mit *M* den *v 93* gemeinsam haben, welcher bei O an dieser Stelle fehlt:

M v 93: Pax e humilite veramente signifie,
CV, T 7 v 6: puis senefie entre paiene lois
        pes   les Spanois.

Die bei *O* und *M* ohne jede Nebenbemerkung gegebene Erzählung vom Verrate Guenelons führt *V* dazu, seinem Unwillen über
den „*gloton*" Luft zu machen:

O v 844: Guenes li fels en ad fait traïsun;

V, T 75 zeigt dafür:

r 6: ha des quel duel porpensa li glotons
quant trai tante noble barons
Roll'. et Oliver e li ·XII· compaignons
et mante dame et maint petit garçons
perdirent lor sires et son gentile parons
Jesu li rende tres malues guerredons.

Für *M v 1609: Li conte tent son speu sanglente*
Da tut part la dona e la presente,

welcher bei *O (c 1586 ff.)* fehlt, steht bei allen andern Versionen
übereinstimmend ein Ausruf:

CV, T 170 r 2: dex en tant lius icel ior la presente
lieus

P, T 73 r 2: *lieu la luire et la presente*

T, T 62 r 2: *dieu de lieus a este le iour presente*

L, T 38 v 2: *diex de tant lur la lieue et presante.*

Der Vers ist somit bei *O* zu ergänzen, der Ausruf mit *deus*
jedoch kaum ursprünglich. Er scheint durch die folgende Verwünschung hervorgerufen zu sein, welche mit *deus* beginnt und bei den
jüngern Versionen schon im dritten Verse steht.

IV.

I₁. Bei Erwähnung eines Helden ruft der Dichter die Hülfe der
Gottheit an und wünscht demselben Glück auf seinem gefahrvollen
Wege oder in der Schlacht, in welcher ihn der Tod von allen Seiten
umringt. Für dessen Rettung dankt er. Für den Toten betet er.

II₁. Andererseits verflucht er den Feind und Verräter.

a) Wendungen bei *O* (bezw. *M*).

O bietet uns nur 2 solche Stellen und zwar beim Tode des
Erzbischofs Turpin und der Braut Rolands, Alda, wo einfach und
schlicht für deren Heil gebetet wird:

v 2245: Deus li otreit sainte benéiçun!

Überall finden sich entsprechende Verse;

u. a. *CV, T 234 v 21* erweitern:

> *cil en soit garde qi dist bone raison*
>   *consumaton*
>   *quant le pendirent li traitor felon;*
>   *len*

nach drei weiteren Versen kommt am Schluss der Tirade die *v 2245* entsprechende Stelle:

> *dex li otroit seinte beneiçon*
>   *otreit   beneichou.*

Bei dieser Gelegenheit sei auf eine interessante Art der Erweiterung hingewiesen.

Dabei ist ausserordentlich klar zu verfolgen, wie ein Wort oft Anlass zu Erweiterungen gab, welche einen ganz andern, der Vorlage fern liegenden Gedanken hereinbringen:

CV, T 234 v 22, P, T 135 v 10, T, T 117 v 13, L, T 89 v 16 sprechen von „*traitour felon*" („*mauues felon*", „*traitour*"), ein Beweis, dass eine allen bekannte Vorlage dieses Wort, gegenüber einer ältern Quelle, wie *O* und *M*, in ihre Erweiterung aufgenommen hatte.

Nehmen wir an, *CV*, welche auch in dieser betreffenden Tirade mehr als die übrigen *O* und *M* gleichkommen, gäben die allen bekannte jüngere Vorlage am getreuesten wieder, so finden wir darin Turpin dem Schutze und der Gnade desjenigen empfohlen, welchen die „*traitor felon*", d. h. die Juden, ans Kreuz schlugen (cf. *CV, T 234 v 21*).

Das „*traitor felon*" erinnerte aber die Überarbeiter der andern Redaktionen unwillkürlich an Guenelon, der ja häufig mit diesem Beinamen gezeichnet wird; daher haben *P, T, L* einen Zusatz, welcher von Guenelon „*li traito(u)r felon*" handelt. Es genügt eine Version zu zitieren:

> *P, T 135 v 9: sil uesquist* (sc. Turpin) *auques il preist uengison*
>   *de Ganelon le traitor felon*
>   *qui porchassa la mortel traison*

dont furent mort tant cheualier baron
sainte Marie li doinst maleison;

mit dem letzten Verse wird dem Verräter noch ein Fluch nachgesandt.

Der Wunsch für Alda füllt sogar nur einen Halbvers:

v 3721: Sempres est morte.   Deus ait merci de l'anme!

Darüber ist weiter nichts zu erörtern, da eine Vergleichung mit den übrigen Versionen ausgeschlossen ist, welche bekanntlich nur bis *v 3682* mit *O* übereinstimmen.

Wenn so bei *O* die Äusserungen des Wunsches auf zwei höchst einfache Fälle sich beschränken, so bietet *M* mehrere (deren Ursprünglichkeit indes mindestens zweifelhaft ist).

M v 2209: Im Kampfe wird beim Angriff der Heiden den Franken Hülfe gewünscht:

Or les ait deo qui onques non mentirs.

Weder *O v 2056 ff.*, noch *C, T 215, V, T 208, P, T 120, T, T 104, L, T 77* weisen einen ähnlichen Vers auf, so dass *M* allein steht.

Zwar ist das Fehlen in den andern Handschriften kein unbedingter Grund dagegen; allein erstens widerspricht der spärliche Gebrauch der Wunschäusserungen bei *O* einer Annahme der Ursprünglichkeit, und zweitens folgt sofort in der Tirade darauf ein ähnlicher Vers, welcher von demselben Überarbeiter herzurühren scheint:

M v 2225: Turpin wird schwer verwundet und vom Pferde gestürzt, daher die beiden Endverse:

Oi qual dol quant larciuesqz chuer
Or les ai li glorios del cel.

O v 2082 hat nur den zweitletzten Vers (jedoch ohne Ausruf):

Or est granz doels, quant l'arcevesques chiet.

Ebenso *CV*, welche hier ziemlich auseinandergehende Tiraden aufweisen, und *T*, aber alle ohne den Wunsch:

C, T 216 v 15: e dex quel duel quant l'arciuesque chiet
V, T 210 v 28: a dex quel duel quant il uint sor sez piez
T, T 105 v 15: dieu quel damage quant le font trebucher.

Nur *P* und *L* geben *M* entsprechende, noch mehr oder minder erweiterte Verse:

P, *T 121 r 19: dex quel dammaige quant lestut trebuchier*
　　　　　or en panst cil qui tout a a ingier
　　　　　que de sa uie ni a nul recouurier;
L, *T 78 v 14: diex quel domage quant lestuet trabuchier*
　　　　　or en panst cil qui tot a aiugier
　　　　　quar de la uie ni a nul recourier
　　　　　e lere Guynes diex te doint encombrier
　　　　　per toy morront maint uaillant cheualier.

CV, *T* haben demnach mit *M* den Ausruf gemeinsam, wie mit *P*
und *L*, bieten jedoch keinen Wunsch wie letztere. Auch *T* versagt darin,
das doch oft und gerne mit *M* übereinstimmt. Alle diese Versionen
würden daher gegenüber *O* für den Ausruf sprechen, einige für den
Wunsch. Allein es ist kein Grund vorhanden, die Fassung von *O*
anzutasten. Also scheint diese vorzuziehen. Ebenso ist die Häufung
bei *M*, Ausruf und Wunsch unmittelbar nacheinander, ungewöhnlich.
Ferner machen die seltene auf zwei Fälle beschränkte Anwendung
eines Wunsches, sowie das zweimalige auffallende Vorkommen bei
M in unmittelbar sich folgenden Tiraden und das Fehlen bei *T*
auch den Wunsch zweifelhaft.[*]) Danach wären *M v 2209* und
v 2225/26 der ältesten Vorlage abzusprechen.

　　v 2397: Am Anfang der Tirade:
　　　　Morz est Rollanz, Deus en ad l'anme ès ciel.
　　Dafür geben *M*, *CV*, *P* und *L* übereinstimmend die Wunsch-
form: *ait*[**]); die jüngern Redaktionen zeigen übliche Erweiterungen.
M v 2558: Mort est rollant deus en ait larme in cel
CV, *T 246 (241):*
　　　　Morz est · R · li frans cons li proissez
　　　　Roll.'　　quns li prisez
dex en ait larme par les soe pitez
　　lame　　la soes pietez

---

[*]) Für die Ursprünglichkeit von *v 2226* könnte man allerdings geltend
machen, dass das Endwort *cel* mit dem Reime der übrigen Verse in der betreffenden Tirade auf —*er* nicht stimmt; denn ein späterer Überarbeiter hätte seinen
Zusatz dem vorhandenen Reim wohl angepasst. Trotzdem scheinen die Gründe
dagegen die gewonnene Annahme zu rechtfertigen.

[**]) Die dialektische Indikativform „*ait*“ wird hier kaum inbetracht kommen.

P, T 147: Mors est Rollans ni a plus recourrier
dex en ait larme qui tout a a iugier
en paradis le face harbergier.

L, T 101: Morz est R.' ni a nul recourier
diex en ait larme qui tot a a iugier.

Durch die überwiegende Mehrzahl der Versionen, sowie die den beiden vereinzelten Fällen analoge Anwendung (Fürbitte für Tote) könnte man veranlasst werden, *M* mit den jüngern Versionen den Vorzug vor *O* zu geben.

Nun wird aber in der Tirade vorher am Ende *(O r 2396)* bei allen Bearbeitungen in ähnlicher Weise erzählt, dass die Engel die Seele Rolands in das Paradies tragen.

Der folgende Vers wiederholt als Anfang der neuen Tirade, wie dies oft geschieht, kurz das soeben Gesagte, d. h. den Tod Rolands und die Thatsache, dass er im Himmel ist.

So hätte der Wunsch bei dem rekapitulierenden Verse keinen Sinn, da ja andernfalls darin das erst als Wunsch geäussert würde, was im unmittelbar vorausgehenden Verse schon als Thatsache hingestellt wurde. Und bei der einfachen logischen Sprache unseres Epos ist ein derartiger Fehler nicht anzunehmen, welcher in den jüngern Versionen aus andern Gründen begangen.

Daher hat *O* entschieden das Richtige und Ursprüngliche, den Indikativ.

Bei den übrigen Redaktionen liegt die Sache anders. Zur Zeit der Abschrift von *M*, welches den Fehler auch macht, waren diese Formeln schon so gang und gebe geworden, dass sie häufig nicht nur da gebraucht wurden, wo sie völlig an ihrem Platze standen, sondern so oft als möglich auftraten, auch wenn sie nur äusserlich oder auch gar nicht passten. Darauf ist es zurückzuführen, dass die genannten Redaktionen gleichmässig die Wunschform bieten: Es ist vom Tode Rolands die Rede; so genügt für den Kopisten und Sänger kaum die nochmalige Erwähnung der nackten Thatsache; er macht daraus durch eine übrigens geringfügige Änderung eine ihm in diesem Zusammenhang geläufigere und ganz natürlich erscheinende Form, die des Wunsches.

Ausserdem zeigt hier *T, T 129* ebenfalls das Bessere:

Mort est Roullant qui tant fist a prisier
o les martirs lu fait dieu acompagnier;

erst *v 15* nach der Erzählung vom Tode der 12 Pairs bringt *T* den Wunsch:

dieu euait les ames et les face coucher
en paradis o lui acompagner.

Hieraus ergiebt sich:

1) die älteste Vorlage kennt die allgemeine Anwendung von Bitten und Wünschen für Freunde noch nicht.

Solche finden sich nur zweimal in ein und derselben Weise und zwar als Fürbitte für Tote, während andere bei *M* stehende Wunschäusserungen jüngern Ursprung verraten.

2) Ebensowenig und entsprechend hat die früheste Fassung einen Fluch gegen Verräter und Feinde aufzuweisen.

b) Wendungen in den andern Versionen.

Die übrigen Bearbeitungen enthalten eine Menge Beispiele der genannten Art, auf die schon gelegentlich aufmerksam gemacht wurde. Es mögen noch einige Verwünschungen und deren Anlass kurz angeführt werden, welche ja in der ursprünglichen Fassung ganz fehlen:

O v 674: Guenelon wird mit den charakteristischen Epitheta erwähnt:

Guenes i vint, li fels, li parjurez,

ebenso bei *M*.

C, T 60 verwandelt diese Attribute in eine Verwünschung:

v 7: Guene i vint ge dex puist maldoner.

Ähnlich ruft in *O v 3248* das Attribut „*fellon*“ bei *CV, T 295 (296) v 16* eine Verwünschung hervor.

Schon die Erwähnung des Feindes genügt, um dem Sänger einen Fluch zu entlocken,

z. B.: *CV, T 136 (128):*

v 1: Grant bruit demenent cist baron cheualier
et Saraçin cui dex doint engobrer
e Saracin   dont engonbrer,

ebenso *P, T 36 :*

v 2: et ·Sarr· cui dex doinst encombrier.

Auch bei der Erzählung von der Einschiffung und Ankunft der Sarazenen, welche Marsilies zuhülfe eilen, was bei *O v 2630 ff.* und *M v 2819 ff.* ohne jede subjektive Bemerkung gethan wird, geben *CV* und *P* verschiedenfach Erweiterungen ähnlicher Natur:

CV, T 261 (256) am Ende:

v 17: cil les confonde qi se luissa pener
              qui
   as faus Jeus por cristiens sauuier
    fels niels   crestiens sauuer;

ein interessantes Gegenstück dazu bietet *P.* Während *CV* die Feinde verfluchen, erinnert *P* an Karl und seine Notlage und bittet für ihn:

P, T 162 v 12: se dex nen panse qui en crois fu penez
     a Karlemaine fera la cuer ire,

P, T 163 v 7: or gart dex ·K· et la noire Paterne
    bataille aura et dolirouse et pesme.

V.

Der Dichter bekundet seinen Anteil an der Erzählung durch Gebrauch von *nostre* und *nos(z)*.

1) Wie *Nostre* so eng mit *Sire* verwächst, dass „Nostre Sire" (*v 2504*) zuletzt als eine zusammengehörige Bezeichnung für Jesus gebraucht wird und *nostre* seine subjektive Bedeutung verliert (da es die Gesamtheit aller Christen vertritt), so geschieht dies ähnlich, wenn auch nicht in dem Umfange, bei *emperere*. *Nostre emperere* findet sich in den älteren Epen wohl schon einigemale, aber immer noch selten; später wird es indessen gebräuchlicher und ist allgemein die Bezeichnung für Karl den Grossen, dessen mächtige Heldengestalt durch die Geschichte und noch mehr durch die ausserordentliche Verbreitung der Sage Gemeingut aller geworden war.

2) Dann drückt dieses Pronomen auch die persönliche Anhänglichkeit an die Fürsten Karls und Frankreichs aus, was im Rolandslied noch nicht vorkommt.

3) Ebenso aber versagt der Dichter dem Volke insgesamt seine

Teilnahme und sein Interesse durchaus nicht und bezeugt dies bei Freud und Leid durch das ihn mit demselben verbindende *nos(z)* (*François* etc.).

Gerade aber bei den letzten Punkten ist ein gewisser Gegensatz zwischen Feind und Freund nicht zu verkennen, welcher *nostre*, *nos(z)*, veranlasst und dasselbe berechtigt erscheinen lässt.

a) Wendungen bei *O* (bezw. *M*).

Gleich am Anfang beginnt *O*:

v 1: Carles li reis, nostre emperere magnes,
welchem *M v 8* entspricht;

CV geben *nostre* nicht wieder.

Ein Grund dagegen ist indes nicht vorhanden, zumal am Anfange eines Gedichtes, das im Herzen Frankreichs entstand.

Wenn *Ks* dasselbe nicht enthält (cf. Pakscher l. c. p. 28), so ist dies durch die ausländische Übersetzung schon von selbst erklärt.

v 1190: Der Neffe von Marsilies (Aelrot) schmäht die Franken:

De noz Franceis vait disant si mals moz.

Die Schmähung mag einen Kopisten bewogen haben, gleichsam zur Bezeugung seiner Entrüstung darüber mit *noz Fr.* sich aufseiten seiner Landsleute zu stellen. Dass der Vers in dieser Form nicht ursprünglich ist, beweist das Fehlen in allen andern Versionen, welche sonst *nos(z)* häufig anwenden; bei *M* ist der betreffende Vers ausgelassen.

Die übrigen Redaktionen haben nämlich:

CV, T 131 (123) v 5: mot fierement a aute noiz sescrie

	ferement	*haute*
P, T 31 v 5:	*moult*	*uois*
T, T 28 v 5:	*durement*	*noix*
L, T 3 v 6:	*mout*	*aute noiz*

Sie haben alle in dieser Tirade denselben Reim —*ie* und zeigen dadurch nahe Verwandtschaft; *V* weist jedoch auf nahe Beziehung zu *M*, indem es allein den Namen Aderloth nennt, welcher auch bei *M* steht.

Die seltene Anwendung von *nos(z)* bei *O* und *M* unterstützt die Annahme, dass es nicht ursprünglich ist.

v 3085: Bei Aufzählung der verschiedenen Korps in der Schlacht wird aus den besten Helden gebildet das zehnte:

Cent milie sunt de noz meillurs cataignes.

Dieses *noz* ist weder bei *M v 3274,* noch bei *CV, T 286,* noch bei *P, T 196, T, T 173* zu finden.

Daher ist es aus demselben Grunde wie oben zu verwerfen und die Lesart von *M* vorzuziehen; dazu kommt noch, dass in *O v 3020* ein Befehl Karls heisst:

De bachelers, de noz meillurs vaillanz,

woraus die Wendung entlehnt sein mag.

Bei *M* stehen noch einige derartige Wendungen:

Die Thaten von Margaris werden erzählt. Er zerschmettert Oliviers Schild, zerbricht jedoch dabei seine eigene Lanze.

Daher geht er wieder zurück und bläst in sein Horn, um seine Leute herbeizurufen. Die für uns wichtigen Verse heissen bei

O v 1318: Ultra s'en vait qu'il n'i ad desturbier,

Sunet sun graisle pur les soens ralier.

CV, T 141 (133), P, T 41 lauten ganz ähnlich.

Bei *M* finden sich zwischen den beiden letztgenannten Thätigkeiten (Zurückgehen und Blasen) 2 Verse eingeschoben:

v 1240: Poi trace soa speu cum uailant ciualer

A cinque di nostri oit li cef colper,

welche sonst nirgends stehen.

Diese sind zum Sinne des Ganzen unnötig und für eine ältere Rolandsversion wohl auch als unwahrscheinlich anzusehen. Deshalb scheinen sie spätere Einfügungen zu sein. Dafür spricht auch die Wiederholung von „*uailant ciualer*" (cf. *O v 1311, M v 1230*), das am Anfange der betreffenden Tirade steht.

Damit dürfte auch *nostri* beseitigt sein.

Ähnlich *M v 1657:*

Nostri françois molt ben liuait sequent.

Dafür hat *O v 1627:*

Par vive force les encacierent Franc;

die übrigen Versionen alle zeigen *O* entsprechende Verse:

CV, т *173 v 11: Franc les encaucent par lor fer hardiment*
enchauchent   *fier ardement*

P, т *76 v 11:*   *Franc*   *enchaucent*   *grant hardement*

T, т *65 v 11:*   *Frans*   *leur fier*

L, т *41 v 12:*   *Franc*   *trestuit cumunemant.*

Das überall gleiche *Franc* weist auf *O* hin und stützt dessen Lesart; *M* setzte abwechselnd gegenüber dem Anfang seiner Tirade, r *1650*, *li françois*, am Ende *nostri françois*.

Daher scheint die Fassung von *O* die richtige und *nostri* vom Überarbeiter eingefügt zu sein.

Bei *M* finden wir *nostre* in Verbindung mit *emperere* noch viermal, wo *O* „*li*" dafür setzt:

M r *2634 (O v 2443; CV*, т *249, P*, т *149 etc.)*,

M v *2688 (O v 2496; CV*, т *253, P*, т *153 etc.)*,

M v *3029 (O v 2846; CV*, т *274, P*, т *175 etc.)*,

M v *3158 (O r 2974; CV*, т *275, P*, т *184 etc.)*.

Die andern Handschriften gehen dabei auch inbezug auf die Fassung und die Wortstellung am Tiradenanfang sämtliche mit *O* und haben *li*,[*] während nur in den beiden letzten Fällen (*Bal.*) *T* an *M* sich anschliesst.

Demnach ist hier jedenfalls die Form von *li emperere* die ursprüngliche.

Hieraus ergiebt sich:

1) Die älteste Vorlage konnte höchstens bei Beginn des Gedichtes *nostre* gehabt haben, obgleich *M* dasselbe mehrfach bietet.

2) Die nähere Beziehung von *T* zu *M* trat wieder hervor.

b) Wendungen in den andern Versionen.

Einige Beispiele mögen genügen, da es bei ihrer grossen Anzahl überflüssig erscheint, dieselben einzeln anzuführen:

So z. B. *P*, т *98* und *L*, т *56* beginnen mit *nostre emperere;*

---

[*] Auch bei den schon besprochenen Fällen gehen die jüngern Versionen immer mit *O* und weisen keine *nostre* bezw. *nos(z)* auf, während sie sonst dasselbe häufig anwenden.

$$\left.\begin{array}{l} CV,\ T\ 136 \\ T,\ T\ 92 \\ L,\ T\ 63 \end{array}\right\}\ \text{haben } \textit{nostre Français.}$$

P, T 105 zeigt *nostre baron;* P, T 121, L, T 78 einfaches *nos;*
ferner

$$\left.\begin{array}{l} P,\ T\ 218 \\ F,\ T\ 7 \\ P,\ T\ 219 \\ T,\ T\ 193 \\ F,\ T\ 8 \end{array}\right\}\ \textit{nostre gent,} \text{ teils auch } \textit{nos(tre) François.}$$

VI.

Der Sänger gebraucht eine persönliche Wendung zum Ausdruck
der Unbestimmtheit (ich weiss nicht, wie viel, so viel ich weiss), oder
um die Unmöglichkeit einer bestimmten Angabe (qualitativ und quan-
titativ) zu bestätigen und diese dadurch hervorzuheben. Wir unterscheiden hierbei

I₁. persönliche Wendungen im engern Sinne *(mien escientre,*
ne sai dire)

II₁. Anreden an das Publikum *(poez saveir, n'orrez [parler de]*
plus etc.)

a) Wendungen bei *O* (bezw. *M*).

I₁. Persönliche Wendungen im engern Sinne.

r 1386: Von den Grafen Gerins und Geriers, deren Schnellig-
keit hervorgehoben wird, heisst es:

Ne l'oï dire ne jo mie nel 'sai,
Li quels d'els dous en fut li plus isnels.

Bei *M r 1297 ff.,* ebenso bei *P, T 49, T, T 42, L, T 18* findet
sich eine derartige Stelle nicht. Nur *CV, T 149 (141)* erinnern an
den zweiten Vers:

e ses compaing Gerers fu mot — isnel
sis compeing qi mout fu

Diese Fassung mag der ursprünglichen Form am nächsten kommen. Das Fehlen bei allen andern Handschriften beweist, dass die
persönliche Form der ältesten Vorlage nicht eigen gewesen, um so

weniger, als bei der Vorliebe der jüngern Versionen für subjektive Wendungen sicher anzunehmen ist, dass diese andernfalls Erweiterungen oder zum mindesten entsprechende Reflexe in den jüngern Redaktionen bewirkt hätte.

Die *O* ziemlich nahe kommende Wiedergabe von *CV* ist zu bemerken.

> *v 1666: Enprès sun colp ne cuid qu'un denier vaillet*
> *Le cors li trenchet etc.*

Die andern Versionen weisen wieder keinen derartigen Vers auf. Nur *CV, T 176 (168) v 19* haben einen ähnlichen, jedoch ohne persönliche Wendung:

> *apres cel cop not onques puis onor*
> *coup   seignor.*

So gilt dafür das oben Gesagte. Dazu ist die Negationsformel „*un denier vaillet*" noch kaum häufig in unserm Gedichte verwendet. Wieder ist — abgesehen von der persönlichen Wendung — die Beziehung zwischen *CV* und *O* zu betonen.

> *v 1848: Si est bleciez, ne cuit qu'anme i remaigne.*
> *(v 1849: Deus! quels seisante i ad en sa cumpaigne!)*

Der Vers findet sich sonst nirgends und ist eine Art vorgreifende Bemerkung, welche sehr wenig sagt. Diese Stelle wurde (cf. Müller II. p. 193) bei allen Redaktionen durch 2 Tiraden erweitert, welche Müller für unecht hält. Jedoch gerade zur Erklärung der Einfügung von *v 1848* (cf. über *v 1849 p. 37)* und *v 1849* gelangt man sehr leicht, wenn man einiges aus der in den betreffenden Tiraden enthaltenen Rede Karls als ursprünglich annimmt. (Die Herleitung Guenelons von Cäsars Mördern mag allerdings erst später hinzugekommen sein.)

Denn dann lässt sich ebenso wie früher *v 1849*, jetzt hier *v 1848* gut erklären:

Der Redaktor von *O* kürzte und fügte dafür den Zusatz bei, welcher schon durch *cuit* als persönliche Zuthat zu erkennen ist.

> *v 2073: Mien escientre, ne s'osent aproismier;*

findet sich bei *M v 2210 ff., CV, T 216 (210)* überhaupt nicht; *P, T 121,*

T', T 105 und *L, T 78* zeigen einen entsprechenden Vers in verständlicherer Form:

P v 7: de maintenant nesosent approchier
T v 7:   aproucher
L v 7: mais il ne sosent plus pres danz aprochier.

Der Sinn des Ganzen ist der:

1000 Sarazenen steigen von den Pferden, um zu Fuss zu kämpfen, und 40 000 sind zu Pferde. Aber sie wagen sich nicht sogleich näher, sondern werfen zuerst ihre Lanzen, d. h. die jüngern Versionen bieten das Verständlichere und Passendere, entweder *mais il (L)* oder *de maintenant (P, T)*. Denn *mien escientre* ist in diesem Zusammenhang völlig sinnlos und das Einschiebsel eines Schreibers, welcher vielleicht *maintenant* oder anderes schlecht las und durch *mien escientre* wiedergab, das ihm im Gedichte in Reden einigemale begegnet war.

v 2339: Roland schlägt sein Schwert auf einen Stein (Wiederholung):

> *Plus en abat que jo ne vus sai dire;*

dagegen *M v 2497:*

> *Ços en abat quant il noit prise.*

Keine der andern Bearbeitungen (*P, T 143, T', T 125*) erinnert an *O,* ausser *L, T 97 v 6:*

> *plus en abat dune grant embracie.*

CV, T 242 (237) haben in der entsprechenden Tirade in ganz anderem Zusammenhange eine persönliche Wendung:

> *v 6: fortement le pleint ie ne men merueil mie.*

Ob dieser Vers durch einen ähnlichen, wie *O* ihn hat, veranlasst wurde, ist kaum zu sagen.

Jedenfalls aber ist die Ursprünglichkeit der persönlichen Wendung zu verneinen, da *M* und *L* einen Vers dafür in anderer Form bieten und die andern Versionen nicht entsprechen.

Dies wird dadurch gestützt, dass bis jetzt keine persönliche Redensart gefunden wurde, welche in der ältesten Fassung hätte stehen können; ferner ist wieder auf die Vorliebe der jüngern Versionen für subjektive Wendungen und Erweiterungen derselben hinzuweisen, worraus der Rückschluss nahe liegt, dass ein Fehlen von solchen auch ein Nichtvorhandensein in der Vorlage annehmbar macht.

Man könnte allerdings dagegen erwidern, dass bei den jüngern Redaktionen vielfach solche Stellen zum Vorschein kommen, welche weder bei *O* noch bei *M* stehen (also umgekehrt). Wenn dies der Fall, so sind solche Erweiterungen, wie im Verlaufe der Untersuchung schon öfters nachgewiesen wurde, entweder durch Worte irgend welcher Art oder durch frühere oder spätere Stellen veranlasst oder als Lückenbüsser u. drgl. m. zu erklären.

v 2650:

> *Cuntes e ducs i ad bien ne sai quanz;*

M bietet ähnlich *v 2841:*

> *Cunti e dux noue sai dir quant;*

CV, T 262 r 6 lauten:

> *e conte e duc i furent ne sai quant*
> *et   dus*

P, T 164 v 4: contes e dus i a ie ne sai quans

T, T 144 v 4: contes et dus y a ie ne scey quant.

Bis jetzt fand sich kaum ein Beispiel, in welchem eine Stelle in allen Bearbeitungen so wortgetreu wiederkehrte, wie hier. Diese wörtliche Übereinstimmung spricht jedoch nicht ohne weiteres für die Ursprünglichkeit, sondern eher dafür, dass sie zu einer Zeit hinzukam, wo dieselbe den verschiedenen Bearbeitern schon mundgerecht war. Denn wäre die Wendung von Anfang an da gewesen, so hätte sie in den jüngern Versionen wahrscheinlich doch mehr oder minder Umgestaltung erfahren. Dass sie in der That erst spätern Ursprunges ist, hat Scholle in seinem diesbezüglichen Aufsatze p. 30 bemerkt, da sie nur in der *Bal.* sich findet (noch einmal in einem Gespräch *O v 2730*).

II₁. Anreden an das Publikum.

v 1537: Am Anfang der Tirade:

> *Li cuens Rollanz, quant il veit Samson mort,*
> *Poez saveir que mult grant doel en out.*

5

Dafür hat *M v 1554:*

> *Li cont Rollant quand nid sanson mort*
> *Donch a tel dol oncha mui tel nol ot.*

Die jüngern Versionen *CV*, т *166*, **P**, т *69 etc.* beginnen den zweiten Vers unter sich übereinstimmend und *M* ähnlich mit:

> *Lors a tel dol,* *T* schliesst sich wieder an
>
> *ot*

M näher an, indem es *donc eut* bringt.

Daher ist die persönliche Wendung als Umgestaltung durch den Überarbeiter von *O* anzusehen. Als weiterer Beweis ist wieder das in ähnlichem Zusammenhange (p. 64/65) Gesagte anzusehen.

v 2023: Am Schlusse der Tirade:

> *Rollanz li ber le pluret, si l'duluset,*
> *Jamais en terre n'orrez plus dolent hume,*

M hat aber *v 2136:*

> *Rollant lo uid si plura e si dolose,*
> *Oncha in nesun logo no fu plus dolent home;*

C, т *211: uoit le · R · qil plore e lo dolose,*
> *in en nul leu nestoit plus dolant home;*

V, т *203: Roll'. le plore qui le cuer uot dolent,*
> *iames nul home norrez si dementant*

P, т *115: Rollans souzpire qui le cuer ot dolent*
> *iamais nul home norrez plus dementant*

T, т *100: Roullant en plore*   *a dolent*
> *iames*   *norrez*   *dementant*

L, т *72 R'.*   *en ploure*   *ot dolant*
> *iamais ior*   *norroiz guimentant,*

d. h. *M* und *C* stehen gegenüber *O, V, P, T, L.*

In Assonanz stimmen *O, M* und *C* überein. Letzteres weist hier den beiden erstern entsprechend nicht Reim, sondern die in *O* übliche Assonanz auf. So deuten alle 3 durch Anwendung dieser auf ältern Ursprung. *O* bietet im Gegensatze zu *M* und *C* allein die persönliche Wendung, wie sie die 4 übrigen Versionen zeigen. Diese haben ihrerseits wieder die gleichen Reime untereinander und verraten damit jüngern Ursprung, oder besser gesagt, eine jüngere

Bearbeitung. Dem Endwort *dolu(o)se* im zweitletzten Verse von *O*, *M* und *C* entspricht bei *V dolent*, welches *O*, *M* und *C* im letzten Verse haben. Ebenso verhält es sich bei den übrigen Versionen, d. h. keine bietet im letzten persönlich gewendeten Verse *dolent* wie *O*, *M* und *C*; alle bringen übereinstimmend dafür *dementant (L: gaimentant)*.

Somit hat *O* die persönliche Wendung aus derselben Quelle geholt, aus welcher die 4 jüngern Versionen *dementant* geschöpft. Da nun *M* und *C*, welche, wie schon bemerkt, durch ihre Assonanz hohes Alter bezeugen, die persönliche Wendung nicht haben, so hat *O* aller Wahrscheinlichkeit nach diese aus einer seiner jüngern Vorlagen (jünger jedenfalls als die von *M* und *C*) herübergenommen. Dies wird dadurch gestützt, dass eben die jüngern Redaktionen die persönliche Wendung gleichfalls geben. Ferner geht *C* hier mit *M*, obgleich es sonst häufig eng an *O* sich anlehnt, was ebenso schwer ins Gewicht fällt.

v 3248: Von dem Volke *d'Oriant le desert* heisst es:

> *De plus feluns n'orrez parler jamais;*

M zeigt *v 3418:*

> *De plus fellon non oldi parler çamos;*

CV, T 295 (290) erweitern:

> *r 12: de plus felons norrez parler ia mes*
> *des   noiez*

> *v 16: cil les maudie qi dona Moises*
> *qui   Moyses*
> *la seinte loi dont nos tenons la pes.*
> *lois*

Bei *P, T* sind die entsprechenden Tiraden erweitert und auseinandergezogen; ein dem obigen entsprechender Vers ist nicht vorhanden. Wohl hat *T, r 181* eine persönliche Wendung in *v 7:*

> *cil qui les guie a celer ne uous quier,*

ob diese Wendung durch eine ähnliche wie obige hervorgerufen ist, wird sich kaum entscheiden lassen.

Dass eine persönliche Wendung *(n'orrez)* derart nicht ursprünglich, wurde soeben für *v 2023* nachzuweisen versucht. Das Erschei-

nen einer solchen an únserer Stelle hier stützt den Nachweis. Denn
letztere gehört *Bal.* an, ist also **nicht** mit ursprünglich.

Damit läge die Vermutung nahe, dass diese Redensart erst durch
den Überarbeiter und Verfasser von *Bal.* hereinkam. Dies ist um
so glaublicher, als bis jetzt **alle persönlichen Wendungen** der ältesten Fassung abgesprochen werden konnten.

Hieraus ergiebt sich:

1) Die früheste Vorlage scheint von jeder persönlichen Wendung
sowohl des Dichters selbst, als auch gegenüber den Zuhörern, frei gewesen zu sein.

2) Der Überarbeiter von O zeigt Vorliebe dafür, während der
von M solche nur **zweimal** bietet und diese mit O gemeinsam hat.
Dies geschieht aber beidemale in *Bal.*, was wohl zu beachten ist.

3) Für die Filiation ist die mehrmalige **enge** Anlehnung von
C (und diesmal auch V) an O, jedoch mit erkennbarer Benutzung
einer Vorlage von M zu betonen. Bei **einer** Tirade konnte sogar
gleiche Assonanz mit O und M konstatiert werden *(C, T 211)*. Ebenso trat einmal wieder die nahe Beziehung zwischen M und T hervor.

b) Wendungen in den andern Versionen.

Auch Erweiterungen dieser Art sind in den spätern Versionen
in Menge zu finden. Einige interessante seien kurz genannt:

Oft entstanden solche Erweiterungen, wie früher schon erwähnt
wurde, nur deshalb, weil der Überarbeiter gerade keinen passenden
Versschluss fand. Er nahm dann zu einer von den vielen ihm geläu-
figen Formeln seine Zuflucht, mochte sie am Platze sein oder nicht,
und füllte damit den Vers aus. Dies mögen die nachfolgenden Beispiele zeigen. Z. B. *C*, T *207*. Die entsprechende Tirade bei O beginnt:

v 1940: Quant paien virent que Franceis i ont poi,

der zweite Vers endigt auf *cunfort* etc., d. h. bei O (und auch bei
M) haben wir es mit —*o* Assonanzen zu thun.

Der Überarbeiter von *C*, T *207* fing nun ebenfalls an mit:

Li paien uoient que François i a poi;

da er aber Reime brauchte, so war er genötigt, die Endworte der übrigen Verse auf —*oi* ausgehen zu lassen. Dies bereitet ihm sichtlich Mühe; denn trotz der kurzen Tirade zeigt er wenig Abwechslung in den Schlussworten und wendet zweimal *croi* und zweimal *soi* äusserst ungeschickt und gezwungen an.

So erklärt es sich auch, dass er *v 5* durch einen Lückenbüsser ausfüllt, welcher die Form einer Bekräftigung hat:

> *mot bien le broce ce uos creant par foi.*

Ferner wird so — in derselben Tirade in einer Rede — noch zweimal dem Reime auf —*oi* zulieb „*croi*" gebraucht:

> *v 3: dist luns al autre li rois a tort ce croi,*
>
> *v 11: mal uus a fait si con ie cuit et croi,*

wofür die andern Bearbeitungen anderen Wortlaut und Sinn geben.

Derselbe Grund (Reim) war massgebend bei *T, т 214 (O v 3587 ff.)* Auch hier weist *T* allein Reim auf —*ent* auf, während die übrigen Versionen andere Versausgänge enthalten. Daher das Flickwort:

> *v 8: ne remaindra pas le mien escient.*

Ebenso findet sich bei *P, т 137, T, т 119, L, т 91 (O v 2246, M v 2401, C, т 237)* des Reimes wegen eine später sehr häufig gebrauchte Formel:

> *P v 5: il le regrete com ia porrez oir*
>
> *T v 6:   les regrette   pourrez*
>
> *L v 4:   le regarde con   porroiz.*

Diese tritt uns auch entgegen bei *CV, т 133 (125):*

> *v 3: paiens apele com ia posrez oir,*

ebenso wie bei *P, т 33, T, т 30, L, т 5 etc.*

Sehr oft veranlasst bei späteren Epen die Unwahrscheinlichkeit der Erzählung, so bei Angabe der gewaltigen Kraft eines Helden oder sonstiger wunderbarer körperlicher und geistiger Vorzüge den Sänger, dies bloss als Vermutung *(ce croi)* auszusprechen oder dabei wenigstens auf Gehörtes sich zu stützen. So haben wir u. a. ein Beispiel bei *C, т 85* und *V, т 86, T, т 19:*

Die entsprechenden Tiraden bei *O v 975 ff.* und *M v 916 ff.* erzählen von *Chernubles de Valneire,* dessen Haare bis auf die Kniee herabhängen und dessen Leistungsfähigkeit im Tragen die von sieben Maultieren übertrifft, ohne daran etwas Unwahrscheinliches zu finden.

Dagegen *C* giebt das eine Moment mit Vorbehalt wieder:

r 3: gregnor fais porte (Rest leer)

    ne croi pas troi mulet portasent la moitie,

mindert die Zahl der Maultiere noch, wie man sieht;

V, T thun dies bei dem andern Momente der Beschreibung:

    r 3: lons ont les crins si com ioy compter,

indem sie diese Eigenschaft verallgemeinern und den Bewohnern des Landes überhaupt zuschreiben.

Dazu mag auch der bei *O*, *M* und *C* in der betr. Tirade stehende Vers „*dient alquant*" (cf. pag. 74) mitgewirkt haben.

B. Subjektive Wendungen, welche als spätere Zusätze von Jongleurs zu erkennen sind.

Von diesen finden sich bei *O* nur Quellenberufungen.

Die bisherige Untersuchung ergab, dass mehrere Wendungen nicht ursprünglich, also einem oder auch mehreren Überarbeitern zuzuschreiben sind. Daher könnte gegen die Disposition, speziell gegen Punkt B der berechtigte Einwand erhoben werden, dass er nicht am richtigen Platze stehe, dass er entweder schon früher (bei IV.) hätte beginnen müssen oder durch das erhaltene Resultat überflüssig gemacht und alles unter einem Hauptpunkte zu vereinigen gewesen wäre. Wäre das Rolandslied allein Gegenstand der Aufgabe gewesen, so würde eines von beiden geschehen sein. Nun wurde aber im zweiten Teile aus bestimmten, teils schon oben angeführten Gründen die vorliegende Disposition eingehalten, ferner sind gerade die Quellenberufungen in älteren Epen das sicherste Kennzeichen späterer Einschiebung, dagegen sämtliche unter A zusammengefasste Wendungen den älteren Gedichten (bei Rol. nur teilweise) schon eigentümlich. Daher wurden einerseits der Symmetrie wegen, andererseits infolge der innern Verschiedenheit beider Wendungen (oder Wendungsgattungen) die Quellenberufungen von Rol. unter B. allein besprochen.

Obgleich auch diese, wie mehrfach (vgl. Gröber, Pakscher a. a. O.) betont wurde, ein Zeichen der Depravation sind, so unterscheiden sie sich dennoch merklich von denen der jüngern Gedichte. Sie sind nicht nur allgemeiner gehalten und verhältnismässig noch einfach und bescheiden, sondern auch ihre Form ist noch keine persönliche (*je trouvai, nous trouvons, j'ai entendu, oï compter* etc.), wie dies später meist der Fall ist.

Wir unterscheiden:

I₁. Berufung auf schriftliche Quellen und die „*geste*";

II₁. Berufung auf mündliche Berichte.

a) Wendungen bei O (bezw. M).

I₁. Berufung auf schriftliche Quellen und die „geste".

v 1684:

> *Il est escrit es cartres e es briefs,*
> *Ço dit la geste, plus de II II miliers.*

Bei *M v 1784* und *V, T 175* ist zwar der zweite Vers nicht vorhanden, jedoch sonst wird die ganze Stelle durch alle Versionen bestätigt, besonders auch noch dadurch, dass *T, T 74*, welches wie *M* und *V* auch nur einen Vers bringt, diesen offenbar aus den zwei in der Vorlage vorhandenen zusammengezogen hat:

$$T \ v \ 6: ce \ dit \ // \ lescript \ // \ assez \ plus \ que \ dun \ millier.$$
$$= O \ 1685, = O \ 1684, \quad\quad // \quad\quad = O \ 1685$$

Offenbar nur des Reimes wegen (—*ier*) setzen *CV, T 182 (175)* *P, T 89, L, T 49* für *brief* etc. das bestimmtere:

> *il est escrit a seint Denis el mostier.*

v 2095: Am Tiradenende:

> *Ço dit la geste e cil qui el camp fut,*
> *Li ber sainz Gilies, pur cui Deus fait vertuz,*
> *E fist la chartre el mustier de Loün;*
> *Qui tant ne set, ne l'ad prud entendut.*

Findet sich überall; bei *M v 2238 ff.*;

bei *CV, T 217 (211)* und *P, T 122* mit üblichen Erweiterungen:

> *CV v 13: ce dist la geste e cil qi el camp fu*
> *   ieste   qui champ*
> *et Kll'. meine quant il fu renenu*
> * e Karle li dist*

conques tel clerc not oi ne neu
por Kll'n. fist dex tante de nertu
   Karllemeine   mainte
a Mont Leon est escrit cest salu
   Mon   escriz
qi ce ne croit ne la preu entendu;
   qui   pro

P schliesst:

*v 21: qui ce ne croit nu les mos entendus
nest pas merueille sil en est mescreuz.*

So muss die Stelle schon in der Vorlage von *O* und *M* gestanden haben.

Im Anschluss hieran möge sogleich an dieser Stelle ein Vers bei *O* in derselben Tirade besprochen werden, welcher dem Überarbeiter von *O* beizumessen ist.*)

v 2091: Puis le dist Carles qu'il n'en espargnat nul.

Es wird erzählt, wie Turpin tödlich verwundet in die Scharen der Feinde stürzt und gewaltige Streiche schlägt. Darauf obiger Vers.

In dem Zusammenhange klingt er so, als ob Karl für die Wahrheit der Schilderung als Gewährsmann angeführt werden solle. Der Vers entstand jedenfalls durch ein Versehen eines Kopisten oder eine schlechte Kürzung eines Überarbeiters, welcher die Worte seiner Vorlage, vielleicht durch die folgende Berufung am Schluss *(v 2095)* veranlasst, in dieser Weise änderte.

Der entsprechende Vers bei *M r 2235* steht richtig und passend, welcher heisst:

Ço dist rollant: „nen nos esparmec nesus!"

Dass er ursprünglich so gelautet, ist um so wahrscheinlicher, als kurz vorher in derselben Tirade Turpin dem Roland versichert, er sei noch nicht besiegt und lasse, solange er am Leben bleibe, sich auch nicht besiegen, worauf ihm dann Roland die in *v 2235* stehenden Worte zuruft.

---

*) Der Disposition nach fällt er unter II₁. Doch schien seine Besprechung im Anschluss an *v 2095* geeigneter.

Die Kürzung bei *O* lässt sich aus den andern Versionen, *P, T 122*, *T, T 106, L, T 79* erklären, welche diese Stelle ganz anders wenden:

P v 12: puis dist li rois quant il fu uenus:

> *„cist arcenesques si est moult chier uendus*
> *tex · IIII · cens ot entor lui uenus*
> *moult dammaigiez parmi les cors feru“;*

ganz ähnlich lauten auch *T v 8 ff.* und *L v 10 ff.*

Nehmen wir an, der Überarbeiter von *O* habe eine Vorlage gehabt, nach welcher *M* sich richtete (und dem steht nichts im Wege), so erklärt sich aus *v 2235 (M)*

nen uos esparmec nesus

der eine Teil des Verses *2091* bei *O:*

qu'il n'en espargnat nul;

ferner habe ihm auch noch eine Vorlage zur Verfügung gestanden, welche die drei jüngern Versionen *P, T, L* beeinflusste — und diese musste Karl redend eingeführt haben:

puis dist Karles: etc.,

so erklärt sich daraus der erste Teil von *v 2091:*

puis le dist Carles;

d. h. der Überarbeiter von *O* kürzte beim Benutzen beider Vorlagen was er jedoch ungeschickt und zum Nachteil des Sinnes that.

Eine bessere Kürzung geben noch *CV, T 217 (211)* (cf. p. 71), welche den Vers in die Quellenberufung am Tiradenende hineinzogen. Aber durch die Worte:

quant il fu uenu

und durch den *v 18: qui ce ne croit* (cf. p. 72) weisen sie auch einen Zusammenhang mit den jüngern Redaktionen (*P* etc.) auf, sind dadurch als eine Mittelstufe zwischen der Vorlage von *O* und diesen anzusehen und machen die gegebene Erklärung höchst wahrscheinlich.

v 3262:

Geste Francur · XXX · eschielles i numbrent,

ebenso *M v 3432;*

CV, T 296 (291) wenden am Schluss die Sache anders:

v 21: ne remandra se la geste ne ment

qe -C-M- homes ne soient ainz sanglent;
que   nen

Ausser *P, T 207 v 6:*

a ·XXX· eschielles ont celle gent esmee
nostre Franxois   ont celle gent miree

haben die übrigen Tiraden bei *P, T 206, T, T 187, T, T 188* keine
derartige Wendung.

Da der Vers so durch 5 Vorlagen bestätigt wird, ist er nicht
zu verwerfen, zumal er in *Bal.* steht und so nur für die Vorlage mit
Bal. als ursprünglich anzunehmen ist.

v 3742:

Il escrit en l'anciene geste etc.

Eine Beiziehung der andern Versionen, damit eine nähere Prü-
fung des Verses ist, wie bekannt, ausgeschlossen.

II₁. Berufung auf mündliche Berichte.

v 983: Vom Lande des Chernubles heisst es:

Dient alquant que diable i meinent,

ebenso bei *M v 924.*

Der Vers ist nicht als subjektiv anzusehen, da sich die Worte
dient etc. nicht auf das Gedicht im ganzen beziehen und nicht zur
Bestätigung einer gemachten Aussage dienen, sondern im Sinne des
allgemeinen „man sagt" die begonnene Schilderung fortsetzen; *C, T 85*
setzt bestimmter: *dient paien.*

v 3039:

Vint milie sunt, ço dient tuit li altre,

auch *M v 3228* zeigt denselben wörtlich.

P, T 190, T, T 169/171 bringen die Zahlenangabe *(20000).*
P erinnert durch *gent aesmee (v 5), CV, T 280 (275)* durch *ia seront
nomees (v 9)* an die in Frage kommende Wendung. Der Vers scheint
mit dem gleich zu besprechenden vom Bearbeiter von *Bal.* herzurühren. Beide treten übrigens als Quellenberufung allgemeiner Art
weniger aus dem Rahmen der Erzählung heraus.

v 3046:

XX milie sunt, ço dient tuit li Franc,

ebenso bei *M v 3235;*

CV haben an entsprechender Stelle *(T 281 [276]):*

v 5: uint mile sunt ardi et conbatant;

   mille i hardi

P, *T 191* zeigt zwei Verse, welche an obigen erinnern:

v 4: XXX M furent as uers elmes luisans

v 15: et li XX M de la fransoise iunt;

T, *T 172* giebt eine andere Variante, in der die drei letzten Worte und somit auch das Endwort mit *O* und *M* übereinstimmen:

v 8: ly roy Charles . . .

. *de sa main dest(re) a seigny touz les Frans.*

CV führen am Ende ihrer Tirade den betr. Vers durch eine bestimmtere Quellenangabe näher aus und fügen noch eine in späteren Epen allgemein übliche Anpreisung hinzu:

v 13: ce dist la geste sel troue lon lisant etc.

  dit   si   len

v 15: nostre chancons na toz tens amendans

  canzon nait tot ior amendant

  ia mais ioclere de meilloz ne nos chant

  mes iogleres   —

Näheres darüber s. *v 3039* p. 74.

Es bleibt für *O* noch ein Vers zu erwähnen übrig, gegen welchen nichts einzuwenden ist.

v 3687: Li pelerin le reient qui là eunt.

M *v 1355: A san donis est scrit in la geste etc.;* findet sich auch in *CV, T 152 (144)*, P, *T 50*, T, *T 43 a* in einer Tirade, welche bei *O (v 1437 ff.)* fehlt, jedoch nach Müller II. p. 137 im Original gestanden.

Selbstverständlich ist diese so wenig wie die anderen Berufungen als in der frühesten Fassung vorhanden anzunehmen.

Da das spätere Hinzukommen solcher Berufungen von vorn herein feststeht, so ist ein Ergebnis in dieser Beziehung ausgeschlossen.

Für die Filiation war wieder das Verhältnis von *CV* wichtig, das meist gegenüber den übrigen Reimredaktionen mit *O* und *M* Verwandtschaft zeigt und die ergänzende Benutzung beider an den Tag treten lässt.

b) Wendungen in den andern Versionen.

Im zweiten Teile werden u. a. Quellenberufungen eingehender besprochen werden. Daher genügt es, hier kurz auf ähnliche Stellen zu verweisen, wie sie in den jüngern Epen häufig sich finden.

CV, T 150 (142) v 19;

CV, T 245 (240) v 41;

CV, T 299 (294) v 8;

P, T 222 v 16 etc.

Zu bemerken ist, dass *CV* mehrfach Quellen erwähnen oder eine Art von Anpreisung bieten, während dies die andern Versionen weniger thun.

—— ——

Das Gesamtresultat lässt sich dahin zusammenfassen:

1) Die Wendungen *as rus* und *reïss(i)ez* sind schon zur Zeit der frühesten Fassung des Rolandsliedes stereotyp.

Ausrufe und vorgreifende Bemerkungen finden sich noch selten; letztere nur am Ende der Tirade und in engem Anschluss an die Handlung.

Der Gebrauch von *nos(z)* beschränkt sich auf den ersten Vers des ganzen Gedichtes.

Geleitsgebete und Wünsche für Helden sind noch nicht allgemein und nur zweimal bei besonderer Veranlassung in der Form der Fürbitte für Tote angewendet; Äusserungen der Verwünschung von Verrätern und Feinden fehlen ganz.

Persönliche Wendungen jeder Art sind der denkbar frühesten Quelle der Handschriften noch völlig fremd.

Bal. bringt manche dem übrigen Teile noch fernstehende Wendung.

2) *C* giebt mehrfach durch Ergänzung von *O* und *M* den besseren und vollständigeren Sinn als jede einzelne der letztgenannten Handschriften, schliesst sich sonst gegenüber *M* und den andern Versionen eng an *O* an. *T* geht häufig allein, verrät jedoch öfters nahe Beziehung zu *M*.

Zweiter Teil.

Subjektive Wendungen in den andern Karlsepen.

Spezielle Einleitung.

Lag beim Rolandsliede das handschriftliche Material mit Ausnahme der ausländischen Bearbeitungen alles der Untersuchung ge-
druckt zur Verfügung, so wurde dies bei dem zweiten Teile der Arbeit
sehr vermisst, teils deshalb, weil die behandelten Epen oft überhaupt
nur in einer Handschrift vorhanden, teils auch, weil von mehreren
erhaltenen Handschriften bis jetzt meist nur eine im Drucke erschienen
ist. So konnte immer nur eine Ausgabe benutzt werden, welche
allerdings in der Regel mit einiger Berücksichtigung der verschiedenen
Handschriften veranstaltet war. Dass aber infolgedessen nicht ohne
weiteres und bestimmt eine Entscheidung getroffen werden konnte,[16]
was von subjektiven Wendungen original und was nicht, ergiebt sich
aus diesem Mangel von selbst und wird auch noch als um so schwie-
riger in die Wagschale fallen, wenn man das Verhältnis zwischen Entstehungszeit der Gedichte und dem Alter der auf uns gekommenen
Handschriften ins Auge fasst. Denn die Handschriften, welche wir
besitzen, sind meist ein, wenn nicht zwei Jahrhunderte jünger als das
Original gewesen sein muss. Innerhalb eines oder gar zweier Jahrhunderte
aber erfuhr ein Gedicht — besonders wenn es sich grosser Beliebtheit erfreute und häufig vorgetragen wurde — gar manche Verände-
rung, wurde an einigen wenigen Stellen vielleicht gekürzt (wie wir

---

[16] Gautier, Ep. fr. III. p. 394 ff. nennt 40 „clichés", ohne dieselben jedoch
ihrem Ursprunge nach zu scheiden, wie es unbedingt nötig ist.

schon bei *O* gefunden), an vielen andern dagegen erweitert oder im
ganzen umgearbeitet. War der Überarbeiter talentvoll und hatte er
Sinn für poetische Schönheiten und Feinheiten, so erstand aus dem
anfänglich dürftigen, vielleicht wenig einheitlichen Original eine weit
bessere Umarbeitung.[17]) War er jedoch, wie es der Wirklichkeit am
häufigsten entspricht, einer jener zahlreichen Kompilatoren, so litt
unter den Veränderungen und Umgestaltungen von solchen die Ein-
heitlichkeit des Ganzen beträchtlich und die poetische Schönheit
nicht minder. Denn diesen Leuten vor allem kam es nur darauf an,
das Epos möglichst in die Länge zu ziehen, die Einzelheiten recht
breit auszuschmücken und den massenhaften Vorrat an stehenden
Formeln mehr oder weniger geschickt anzubringen.

Leute dieser Art thaten es nicht sowohl aus dem Streben nach
Erweiterung, sondern auch, um dem Publikum zu gefallen und dem
Zeitgeschmacke gerecht zu werden.

Die natürliche Folge davon war die, dass nicht allein
solche Überarbeiter, sondern auch Originaldichter selbst,
welche erst in späterer Zeit lebten, ihre Dichtungen dem
Geschmacke ihrer Zeit anpassten und darin solche Zusätze
und Formeln von vorn herein aufnahmen, welche in früheren
Werken noch als spätere Beifügungen von Überarbeitern
zu betrachten sind.

Aus dieser Erwägung wird klar, dass bei der eingehaltenen
Disposition, die sich naturgemäss von selbst aufdrängte, von einer
scharfen Scheidung zwischen subjektiven Äusserungen der „Originaldichter“ und subjektiven Zusätzen „späterer Überarbeiter“ nicht die
Rede sein kann.

Dies wird noch einleuchtender werden, wenn sich aus einigen
Beispielen die Unmöglichkeit einer solchen Scheidung und obige Ent-
wickelung als in der That richtig nachweisen lässt.

Beim Rolandsliede, dessen Handschrift *O* aus dem 12. saec.
stammt, finden sich weder am Anfange, noch sonst wo Anreden an
das Publikum *(oez Seignours, faites paiz etc.).* Bei denjenigen Epen,

---

[17]) Scholle a. a. O.; Gröber, Hdschr. Gesl. d. Fierabras, Leipzig 1869.

welche noch im 12. saec. verfasst, aber uns erst durch Handschriften frühestens des 13. saec. bekannt sind, wie *G. d. B., Fier., Mac.* stehen die gewöhnlichen subjektiven Beifügungen schon zahlreich, am Anfang sowohl wie auch in der Mitte und am Ende.

Ebenso tritt uns bei der Version *M* des Rolandsliedes, welche aus dem 13. saec. erst herrührt, bei Beginn desselben eine der beliebten Einleitungen von Jongleurs entgegen. Andererseits finden sich solche in *V. d. Ch.*, deren Handschrift nach *G. Paris* dem 13. saec. zuzuschreiben ist, an keiner Stelle. So könnte man, abgesehen von *V. d. Ch.*, aus den angeführten Beispielen schliessen, dass wenigstens im 12. saec. noch keine derartigen Zusätze gebräuchlich und sie erst im 13. saec. üblich wurden.

Ferner geben uns zwei zu dieser Famile gehörige Epen, *Enf. O.* und *B. a. gr. p.* von *Adenès li rois*, ein sicheres Kriterium dafür, dass der Dichter selbst solche Wendungen von vorn herein seinem Gedichte einverleibte, welche wir in der besten[18]) Handschrift treffen.

Nun schrieb *Adenès* die *Enf. O.* nach *Gautier* in der zweiten Hälfte des 13. saec. und *B. a. gr. p.* etwas später; demnach waren in jener Zeit unsere Formeln für das Epos (Nationalepos) schon so charakteristisch geworden, dass sie Originaldichter selbst von vorn herein in ihre Werke aufnahmen. Wenn man den Stil dem Hofdichter in *Adenès* zuerkennen wollte, so muss bei aller Eigenartigkeit desselben seine im allgemeinen mit den Nationalepen übereinstimmende Verwendung der bewussten Wendungen entgegengehalten werden.

Jedenfalls scheinen diese Zusätze im Anfange des 13. saec. Eingang gefunden zu haben, vielleicht in ungefähr derselben Zeit (Wende des 12. und 13. saec.), wo die Assonanz sich in Reim verwandelte, damit dem Dichter wie auch dem Überarbeiter Zugeständnisse an den Reim abnötigte und so Vermehrung von stehenden Formeln verursachte.

⋅⁸) Scheler in seiner Ausgabe, préf. VIII:

„*Parmi les quatres manuscrits dont nous avons en connaissance, nous avons pris pour base de notre édition celui qui de Paris de tous ceux qui se sont occupés d'Adenès, est le plus recommandable et considéré comme écrit sous la surveillance même de l'auteur.*"

Wäre nun die versuchte Datierung durch weitere Beispiele als
sicher erwiesen und genauer fixiert, so liesse sich bei den Epen die
Unterscheidung von Wendungen des Dichters und andererseits des
Überarbeiters eher treffen, sobald die Entstehungszeit und das
Alter der Handschriften auch ihrerseits sicherer festgestellt wäre.

Da jedoch, wie bemerkt, infolge verschiedenfachen Mangels
vieles noch im Ungewissen liegt, so wird mit Vermeidung einer
scharfen Grenze zwischen „ursprünglich" und „nicht ursprünglich" die
Disposition im grossen und ganzen so einzurichten sein, dass unter-
schieden werden:

A. Subjektive Wendungen, welche nur äusserlich die Persönlichkeit des Dichters hervortreten lassen und (als etwas für unsere
Epen Charakteristisches) vom Originaldichter selbst herstammen.

B.*) Spätere Beifügungen von Überarbeitern und Jongleurs oder
auch Zuthaten des Originaldichters, um dadurch dem veränderten
Zeitgeschmacke zu genügen oder dem Jongleur Zeit und Mühe zu
sparen, selbst solche Wendungen hinzudichten zu müssen.

A. Subjektive Wendungen, welche nur äusserlich die Person des Dichters hervortreten lassen.

I.

ez(s) ros, alant ez(s) ros (cf. pag. 15).

Ad 1: Nicht nur überirdische Erscheinungen, sondern auch
andere wunderbare Wesen, welche Hülfe in der Not bringen, werden
durch diese Einführungsworte angezeigt:

Z. B. *Fier:* Graf Richard ist in höchster Gefahr. Hinter
sich hat er die verfolgende Übermacht der Sarazenen, vor sich einen
tiefen und reissenden Fluss, den er unmöglich durchschwimmen kann.

------

*) 1. Zusätze von Jongleurs treten besonders am Anfang und am Schluss auf
und bilden zunächst Einleitung in die chanson und Schlussworte derselben. Sie
finden sich dann aber auch — abgesehen von Übergangsformeln — in der Mitte des
Gedichtes bei geeigneter Gelegenheit. Während sie aber am Anfang und am Ende
aus förmlichen Anreden an die Zuhörer bestehen, werden sie bei irgend gegebenem
Anlasse in der Mitte angewendet bedeutend gekürzt, so dass meist nur der erste
Vers oder die ersten Worte einer früheren Anrede gebraucht werden. Diese selbst
wieder kommen allmählich häufig auf, auch da, wo sie nicht absolut notwendig und

Da weist ihm ein wunderbarer Hirsch den Weg und führt ihn wohlbehalten an das andere Ufer:

v 4370: Atant es vous l cerf, que diex i fist aler.

Ähnlich wird die Wundergestalt Oberons in *H. d. B.* fast immer mit „*es vous Auberon*" *(v 3432)* oder „*atant es vous le petit boceré*" *(v 3258)* eingeführt.

Ad 2: Dafür giebt uns *Gayd.* ein schönes Beispiel, das der Erwähnung wert ist:

Die Frau von Hertaut und Ferraut befinden sich in höchst bedenklicher Lage. Schon ist der Holzstoss angezündet, auf welchem die Frau verbrannt werden soll, schon hat Ferraut den Fuss auf die Leiter gesetzt, um im nächsten Augenblicke am Baume zu hängen, da im Momente der äussersten Not erscheint Gaydon:

v 4641: A ces paroles ez vos venu Gaydon;

ebenso *v 5443, 5732 etc.*

Umgekehrt wird auch Steigerung der Gefahr so gemeldet: *Gayd: v 4768* erfährt Karl von seiner Niederlage; ähnlich *v 4777.*

Ad 3: Nicht selten werden Helden in hervorhebendem Gegensatze damit eingeführt.

So in *Enf. O.* spricht der Dichter von der Tapferkeit des Helden Karahuel und erwähnt kurz darauf Ogier:

v 1740: Ez vous Ogier, le noble poigneour;

ähnlich *v 1761* und *v 2624 etc.*

Ebenso beginnt damit ein besonderes oder neues Moment der Handlung.

Z. B. *G. d. B.:* G. d. B. giebt sich Karl zu erkennen und erzählt seine Schicksale. Unterdessen haben sich Väter und Söhne beigesellt und zugehört:

---

passend stehen. Daher werden sie mit der Zeit sehr beliebt und unvermeidlich und bald von vornherein schon ein unerlässliches Beiwerk für Originaldichtungen.

2) Die ersten sechs Wendungen von A stimmen mit denen von A beim ersten Teil überein. Daher kann auf die dortige Disposition und die gegebene Anordnung verwiesen werden. Es scheint genügend, nur Beispiele solcher Art anzuführen, welche bei Rol. nicht vorgekommen.

6

v 3977: Atant es le bernage d'ambes pars assamblez,
damit folgt die grosse Erkennungsscene.

Ad 5: Mit Vorliebe weist der Dichter so auf Verräter hin, besonders wenn er sie zum ersten Male nennt: *Mac:* Die Königin sitzt mit einer Laute im Garten und singt. Dieses idyllisch schöne Bild friedlichen Glücks wird plötzlich unterbrochen durch das Eintreten desjenigen, welcher ihr soviel Leid bereiten sollte:

v 62: E Machario!

Ähnlich als er sie verfolgt *v 2736:*

> *Atant ecote vos li traitor seduiant.*

So führt uns der Dichter auch in *B. a. gr. p.* die Verräterin vor:

v 307: Atant es vous Margiste cui Diex doinst encombrier;

v 347: Atant es vous la vielle etc.

Ad 6: *V. d. Ch: v 275* und *v 333.*

Ad 7: Bei Gaydon zwei hübsche treffende Beispiele, welche dem Sinn nach sich gegenüberstehen:

v 4267: Les armes prennent, ez les voz adoubez;

v 7539: Les armes ostent,   ez les voz desarmez.

In dieser Weise wird oft auf Schrecken hingewiesen:

G. d. B: v   256
$\quad\quad$ *v   677* $\Big\}$ *Quant li enfant l'entendent, es les vos esfrééz!*
$\quad\quad$ *v 2854*

ebenso auf Zorn:

> *Entrée de Sp:* p. 230:
> *Atant ech vos l'emperer corajos!*

II.

> *Là véissiez, qui véist, là oïssiez, qui oïst,*
> *là véist on, là oïst on, là péussiez veoir.*
> (cf. p. 24).

Ad 1: a) Zum allgemeinen Hinweis auf die Schlacht:

> *Enf. O: v 1198: Là véissiez estour de grant fierté.*
> *Fier: v 3633:   Là péussiez veoir l'estour recommencier.*

b) Deutlicher wird das Durcheinander und das Ringen gekennzeichnet in *G. d. B.*

> v 3691: Dont véissiés paiens et foir et chacier,
>> Hurler, glatir et braire, crier et abaier;
> ibid. v 3694: Qui lor véist le jor ces paiens domagier,
>> L'un mort dessore l'autre verser et trebuchier.

c) Auf den grossen Lärm wird allgemein hingedeutet:
> Fier: v 3738: Dont oïssiés grant noise et moult grante
>> huision.

d) Spezieller werden die Ursachen desselben genannt, Instrumente, Schlachtrufe, Zusammenstossen von Waffen und Rüstungen:
> Fier: v 3254: Dont oissiés buisines et cors d'arain sonner;
> Gayd: v 7125: Là oïst ont enseigne escrier
>> Et sor les elmes les brans nus resonner.

e) Die Schilderung wird verstärkt durch häufige Anwendung der hinweisenden Pronomina ces, tant, maint, womit zugleich auf Einzelheiten im Kampfe aufmerksam gemacht wird:
> z. B. Mac: v 2357: Qi doncha véist cella jent monter;
> Ot: v 1085: Là véissiez tant gunfanuns lever,
>> Tanz hanstes dreites, tant pennuns venteler;
> Fier: v 3582: Mainte lance i fu frainte et mains
>> escu troés,
>>> Et mains puins et mains piés i véissiez coper
>>> etc.

Ad 2: Auf einzelne hervorragende Gestalten wird vielfach mit qui véist die Aufmerksamkeit gelenkt, dem nicht selten ein péust remembrer etc. folgt, wie dies schon beim Rol. der Fall ist:
> z. B. G. d. B: v 587:
>> Qui véist au baron son espiel paumoier,
>> Par desus les enarmes et sous l'escu plongier,
>> Bien li péust membrer de noble chevalier;
> Mac: v 2332: Qi le véist son baston palmoier,
>> Bien cuitaret qe fust un averser.

Diese und zahlreiche andere Beispiele derselben Art lehren, wie besonders eine Seite der Beschreibung, eine in die Augen springende Bewegung der Helden gerne betont wird, so wie hier das „paumoier", das viele Analogien hat.

Ad 3: Nicht nur während des Aufbruches zur Schlacht, sondern auch im Lager wird uns das Heer geschildert und die Schilderung durch Hervorheben einzelner Erscheinungen, wie Ross und Reiter, und von Gegenständen, wie Waffen und Waffenschmuck, Zelten und Feldzeichen u. s. w., belebt.

So wird ein Heerlager bei Orléans geschildert in

Gayd: v 4805: Là véist on tante tente drescie,
 Et tant escu où li ors reflambie,
 Et tante enseingne de puile d'Aumarie,
 Et tant destriers et tant muels de Surie,
 Tant chevalier qui sa terre ot laissie,
 Et tant vassal qu'à su terre engaigie,
    etc.

Selbst die Jongleurs vergisst die Erzählung nicht:*)

 Tant jougléor, tante putain sartie,
 Qui tost auroient grant borse desemplie.

Beim Aufbruch des Heeres scheint hauptsächlich die Kostbarkeit der Waffen und Rüstungen interessant, so *Enf. O: v 5191, Gayd: v 4937* etc.

Ad 4: „Freude" und in noch höherem Masse „Schmerz" werden so dargestellt:

G. d. B: Der Sänger erzählt von der grossen Betrübnis beider Teile (der Jungen *[enfant]* und der Alten), als Sanson mit seinen Genossen von Gui Abschied nimmt, um zu Karl zurückzukehren. Jedoch er lässt diese völlig zurücktreten, wenn er schon im nächsten Verse ausruft:

v 3127: Qui la véist la joie que font li chevalier!

Dieser plötzliche Wechsel klingt im ersten Momente unerwartet und scheint unmotiviert. Der Ausruf ist aber wohl berechnet und berechtigt, wenn man überlegt, dass der Sänger durch diesen etwas schroffen Übergang die gewaltige Freude beider Teile beleuchten will, wogegen der Abschiedsschmerz kaum vonbelang ist; die „Jungen" freuen sich, dass sie ihre Väter getroffen haben und umarmen dürfen, die „Alten", welche die Nähe ihrer Kinder nicht ahnen, sind deshalb

---

*) Daraus ergiebt sich, dass sich der Verfasser ü b e r die Jongleurs stellt.

fröhlichen Mutes, weil sie in ihrer Not sichere Hülfe erwarten und ihrem Kaiser gute Botschaft bringen können.

— An diesen Vers schliesst sich eine subjektive Formel an, welche da und dort, bald mit *véist*, bald ohne es vorkommt und hier gelegentlich erwähnt werden soll:

Die Dauer des Abschiednehmens wird nämlich nicht genau bezeichnet, sondern in einen Vergleich gehüllt:

ibid. *v 3129: Ains éussiés alé bien demi liue à pié,*
Qu'il péussent tenir ne voie ne santier.

Die Phrase findet sich auch mit andern Raumbestimmungen *(II arpens et demi etc.)* überall da, wo es sich um Angabe eines beliebigen Zeitraumes handelt. So wird die Dauer einer Ohnmacht bestimmt ibid. *v 2422: „grant liue"*, u. dgl. m.

„ *v 4292: „arpens et demi".* —

Ferner in *Mac.* wird die rührende Freude des Wiedersehens geschildert:

v 1981: Qi doncha véist la mer la fia baser!

Ebenso *B. a. gr. p: v 3101:*
Là oïssiez de joie commencier tel criée etc.

Weit mehr wird dadurch Schmerz hervorgehoben, wie wir auch schon in *Rol.* ein Beispiel fanden: U. a. *Fier: v 4217;* ferner *H. d. B: v 6776: Qui dont véist la dame duel mener!*

Fier: v 2053: Grant duel mainent paien, Sarrazin et Escler;
Fierabras d'Alexandre oïssiés regreter!

5) Vereinzelt treffen wir diese Wendungen auch bei anderer, nicht erwähnter Gelegenheit, so bei Schilderung eines Sturmes in *H. d. B:*

v 3270: Une tempeste commence et uns orés;
Qui dont véist et plovoir et venter,
Arbres froisier et moult fort esclicer etc.;
ferner zur Hinweisung auf einen Jongleur und dessen Spiel:

ibid *v 7336: Qui li véist se viele atemprer,*
A XXX cordes fait se harpe sonner;
bei *Aspremont* wird dadurch eine zahlreiche, von vielen Königen und Fürsten besuchte Versammlung eingeleitet:

p. 264, Cod. VI.: *poreç ueoir tante barbe florie,*
tant rice rois de la loy pagenie;
dies wiederholt sich am Anfang der folgenden Tirade ausführlicher.

III. (cf. pag. 35).

I_1. Ausrufe:

1) Tapferkeit, Kühnheit, Erfolg entlocken dem Sänger einen Ausruf der Freude und Bewunderung:

So u. a. *Fier:* Olivier erbietet sich, obgleich schwer verwundet, für Roland, der sich weigert, den Zweikampf mit dem gefürchteten Fierabras aufzunehmen. Daher herrscht grosse Freude und lobende Bewunderung für solche Kühnheit im Lager:

> *v 267: Ha Diex! con fu cel jour Oliviers esgardés,*
> *Et des uns et des autres et prisiés et loés!*

Die Freude über den Erfolg Karls durch die Eroberung von Mautrible, über die Schätze und Kostbarkeiten, über die Schönheit und die Masse derselben veranlasst den Ausruf:

> *ibid. v 5071: Ha Diex! com grant avoir i trouverent le jour,*
> *Fin or et blanc argent et pailes de colour!*

2) Andererseits bewegen den Sänger Trennungsschmerz, List und Verrat, trauriges Schicksal und Unglück mancherlei Art, Anteil zu bezeugen, den er an seinen Freunden und Helden nimmt.

Z. B. *ll. d. B:* Als Huon mit den schwierigsten und gefahrvollsten Aufträgen betraut Abschied nimmt, um eine lange, abenteuerreiche und mühselige Fahrt in ferne und unbekannte Länder anzutreten, so wird seinen beiden treuen väterlichen Freunden, dem Abte von Cluny und Namlon, und auch ihm selbst das Scheiden sehr schwer. In dieser Scene begegnen uns drei Ausrufe nacheinander, welche uns den Schmerz der drei Freunde deutlich vor Augen führen:

> *v 2413: Diex! que li abes l'a souvent acolé!*

> *v 2416: Diex! que dus Nales a grant duel demené!*

> *v 2418: Hé Diex! que Hues a souvent sospiré!*

Nicht uninteressant ist es, die Steigerung zu beobachten, welche sich hier findet: Der Abt umarmt seinen jungen Freund oft, Namlon empfindet grossen Schmerz, Huon vollends, zugleich der jüngste und daher vielleicht der betrübteste, seufzt oft, d. h. er giebt seinem Schmerze lauten Ausdruck.

ibid. Als die Verräter, Amaury und seine Genossen, mit Charlot im Hinterhalte liegen, um den beiden Brüdern aufzulauern, bedauert der Sänger, dass Karl nichts von dem teuflischen Unternehmen weiss: *v 503 Diex! c'or nel set Karles o le vis fier.*

In geringem Abstande davon sind noch zwei solcher Ausrufe vorhanden: *v 552, v 573* beim Abschiede Huons von seiner Mutter. Solche Häufungen sind keineswegs selten. Sie werden einesteils durch Wiederholung von Tiraden veranlasst (wie hier), andernteils bilden sie die Folge des natürlichen Bestrebens der Sänger, so oft als möglich dieselben anzubringen, um die Lebendigkeit der Schilderung zu erhöhen und Effekt hervorzurufen.

Gayd: Die gefährliche Lage Karls bei dem Judasmahl, das ihm die Verräter bereiten, verursacht einen Ausruf, welcher teils Unwillen über die Vertrauensseligkeit des Kaisers und Erbitterung über den scheusslichen Plan, teils Besorgnis und Bedauern für das Oberhaupt der Franzosen in sich schliesst:

> *v 10569: Ha! Dex de gloire, vrais rois de paradis,*
> *Il ne set mies le dolirouz engin*
> *Que on li a et porchacié et quis.*

B. a. gr. p: Das traurige Geschick Berthas veranlasst den Ausruf

> *v 1363: Diex, que ne sèvent ore qu'ele est fenme Pepin!*

Ähnlich *v. 1667: Diex, que ne set Constance que ce soit la roine.*

II₁. Vorgreifende Bemerkungen:

1) Bei *Rol.* stehen vorgreifende Bemerkungen nur am Tiradenende. Bei den ältern Epen erscheinen sie häufig und meist nur bei einem gewissen Abschlusse, aber auch schon am Tiradenanfange als Wiederholung des vorhergehenden Schlusses und zugleich auch als Ankündigung des folgenden. Allmählich stellen sie sich auch beliebig in der Mitte ein und zwar am gewöhnlichsten in solchen Tiraden, welche mit ähnlichen oder gleichen Wendungen beginnen oder schliessen. Letztere am Ende sind die ältern. Die inmitten vorhandenen sind durch sie veranlasst teils unbewusst, teils bewusst in der Absicht zu

erweitern und die Lebhaftigkeit der Erzählung zu erhöhen, hineinge-
kommen. So sieht man bei *Gayd.* deutlich die Entstehung der Wiederholungen: *v 4214* findet sich am Schlusse der Tirade eine derartige
Bemerkung; gleich bei Beginn der folgenden, *v 4224*, kehrt eine ähnliche wieder, und diese zeigt sich von neuem inmitten derselben Tirade, *v 4268*, in verkürzter Form.

Unmittelbar darauf folgt nicht selten eine Bitte für das Wohl-
ergehen der Freunde oder betreffenden Helden, welche manchmal
auch vorhergeht. Da jedoch in weitaus den meisten Fällen beide
Wendungen getrennt vorkommen, so wurde letztere unter Punkt IV
besonders behandelt.

Die Andeutungen solcher Bemerkungen sind verschiedener Art:

1) Hinweis auf Ereignisse, welche wichtige F o l g e n haben können,
wie z. B. eine Schlacht:

Enf. O: v 1557: Mais ains qu'il voient le jour bien esclairié,
Les aront il de plus prés aproismié;

2) Ankündigung einer Schlacht selbst, entweder ganz allgemein
oder bestimmter mit Erwähnung des glücklichen oder unglücklichen
Verlaufes für Franzosen und Sarazenen:

So *Fier: v 3203: Anchois que il retournent, i ara caus donnés;*

Ot: Der glückliche Verlauf wird vorausgesetzt durch Hinweis
auf die Niederlage der Heiden:

v 1583: Anqui auront paien male soudée etc.

Eine entschiedene Schlappe der Franzosen giebt es nie, weil
der Dichter für seine Nation und Religion Partei ergreift; daher werden grosse Verluste nicht direkt angedeutet, sondern meist umschrieben. So findet sich sehr oft die Wendung wie z. B. in *Ot:*

v 754: Mès ainz que viene, ce quit, à l'avesprer,
Li plus hardis aura tant à penser,
N'i vodroit estre por M mars d'argent cler.

3) Ankunft von Hülfe in der Not:

G. d. B: Beim Mangel an Lebensmitteln, worüber Karl hoff-
nungslos klagt:

v 735: Mais por noiant s'esmaient; ainsque soit avespri
Aura il de vitaille trestot à son plaisir etc.

4) Am häufigsten ist Voraussagen kommenden Unglücks für den Helden oder die Heldin:

B. a. gr. p:

v 284: Or est ele moult aise, mais toste sera dolente:
Margiste li fera recevoir tele rente,
Par son très grant malice la metra en tel sente
Dont souvent iert de lermes sachiere moult sullente.

5) Andererseits auch Ankündigung der Strafe, welche die Verräter trifft, die meist Urheber des Unglückes sind. (Dies schon bei *Rol.*)

Die vorgreifenden Bemerkungen werden jedoch nicht nur in Hauptsatzform (mit Futurum) ausgedrückt, sondern vielfach gemildert in Conditionalform, d. h. der Sänger sagt: Wenn die und die Bedingungen nicht vorhanden sind oder nicht dazu kommen, dann geht es schlimm:

Z. B. *Fier:* Gui befindet sich in Gefahr, gehängt zu werden:

v 3516: Se tost n'est secourus, jamais n'ara mestier.

Im Vordersatz ist in den bei weitem zahlreichsten Fällen die Hülfe der Gottheit als Voraussetzung zur Rettung genommen:

Se Deus n'en pense,
Se Ihesus n'en pense,
Se cil n'en pense, qui etc.

Bei *Gayd.* finden sich sogar zwei derartige Vordersätze, welche die ganze Wendung einrahmen:

v 1989: Se Dex n'en panse, li rois de majestez
Ainz que soit vespres ne solauz esconsez,
Sera chascuns malement destorbez.
Paor aura trestouz li plus osez
Dou chief à perdre, se Dex n'en a pitez.

Auch andere Faktoren, wie menschliche Klugheit und Vernunft, werden zur Rettung vorausgesetzt in *Aspremont p. 264.*

Cod. IV.: *se li rois Karles à la barbe florie*
nen oit auec eus sens e magistrie,
ne li ait deu li filç sainte Marie
perdu el ait tute cristianie.

IV. (cf. pag. 52.)

I₁. Bitten:

Während bei *Rol.* nur zweimal schlichte Fürbitten für Tote zu finden sind, stehen solche Wünsche, Bitten und Gebete sehr häufig in den übrigen Epen.

1) Die Erwähnung des Nationalheeres oder eines Helden allein schon sind hinreichend, um den Sänger zu einem Geleitsgebet zu veranlassen; wie viel mehr erst die Voraussicht oder die Thatsache, dass seine Schützlinge sich in Gefahr begeben wollen, oder dass sie schon mitten von derselben umringt und verloren scheinen.

So begleitet er die Seinen auf allen Wegen, in allen Situationen[19] mit den ständigen Worten:

Cil Sires le(s) conduie,
Or li ait cil etc.

um sie vor Misserfolg und Unglück zu behüten und zur guten Vollendung ihrer Thaten den Segen der Gottheit zu erflehen.

Diese Wendungen stehen zunächst auch nur am Tiradenschluss, treten aber im Laufe der Zeit aus schon berührten Gründen auch inmitten derselben und häufig auf.

2) Ein überaus treffendes Beispiel möge genügen, um erkennen zu lassen, wie der Sänger seinem Helden überall hin folgt, wie er für dessen Wohl und Wehe besorgt ist und jede Gefahr mit Angst und Schrecken nahen sieht:

Gayd: Ferraut begiebt sich als Bote von G. zu Karl. Als er den nicht ungefährlichen Weg antritt, bittet der Sänger:

v 3476: Dex penst de lui, qui onques ne menti!

Während der Anwesenheit Ferrauts im Hoflager verstecken sich fünf „Verräter" in einem Hinterhalte, um den Ahnungslosen auf dem Heimwege zu überfallen. Dies veranlasst den besorgten Wunsch:

v 3579: Cil Dex de glore, qui tout a à bailler,
Penst de Ferraut etc.

Bei seinem Abschiede vom Hofe entlässt ihn der Sänger mit dem Wunsche am Tiradenende:

v 3687: Or le conduise Ihesus à sauveté!

---

[19] Altona, Gebete u. Anrufungen. Marb. Diss. Ausg. u. Abh. Bd. IX. p. 12, 17 etc.

welchen er in der folgenden Tirade wiederholt:

v 3690: Dex penst de lui par son commandement!

Während nun Ferraut auf der Heimkehr begriffen ist, merkt man im Hoflager, dass er den Portier erschlagen. Daher wird sofort eine Schar zu seiner Verfolgung aufgeboten. Unser Held befindet sich jetzt ohne Wissen in einer bösen Klemme: Von hinten drohen die Verfolger, von vorne der verräterische Überfall. Deshalb fleht der Sänger zweimal um Hülfe für ihn:

v 3738: Or li ait li Sires qui ne ment!

v 3742: Or li ait li rois de paradis!

Dabei ist die mannigfaltige Abwechslung der Formeln zu beachten, welche dem afr. Sänger zu Gebote standen.

3) Für Gefallene wird gebetet u. a.

in *H. d. B.:* *v 8407: Ore ait Dix l'ame en son saint paradis!*

4) Ein Dankgebet bietet uns:

Fier: v 1038: Ce fu boine aventure, Dix en soit aouré!

Die überaus meisten der Bitten sind in die Form von Hauptsätzen eingekleidet; es finden sich jedoch auch öfters solche, welche Nebensätze bilden. Sie füllen dann den zweiten Teil eines Verses aus und stehen häufig ohne besondern Anlass und als Lückenbüsser um des Reimes willen.

II₁. Verwünschungen:

Andererseits sind die heidnischen Feinde oder die treulosen Verräter und ihre Sippe Gegenstand der Verwünschung:

1) So z. B. *Ot: v 1245:* Die Erwähnung der Feinde genügt zu dem Fluche:

Ihesu de gloire les confunde et maudie!

Ähnlich *Mac:* Bei Nennung des Verräters Machario, der an einer Versammlung des Königs teilnimmt:

v 407: Si le fo Machario, que le cor Deo mal don! etc.

2) *Fier:* Die Verräter unterstützen alle den Rat, welchen ihr Haupt dem Kaiser gegeben; daher verflucht der Sänger ihre ganze Verwandtschaft:

v 4455: Macaires se leva, qui fu de haute gent,
El Grifons d'Autefoelle, cui li cors Dieu cravent,

Hardrés et Aloris et bien des autres cent,
Qui tout furent neveu et cousin et parent,
Mais traïtour estoient, li cors Dieu les cravent!

3) Auch dem toten Feinde sendet er einen Fluch nach in
Gayd: v 7892: As vis diables soit elle (âme) *commandée!*

Da Feinde und Verräter lange nicht das gleiche Interesse
in Anspruch nehmen wie Freunde, so sind Verwünschungen seltener
als Bitten. Sie stehen auch im Gegensatze zu diesen mehr in Neben-
sätzen als in Hauptsätzen und finden sich, weil weniger wichtig, oft
in der Mitte, seltener am Schlusse einer Tirade.

V.

nostre, no(s) (cf. pag. 58).

Ad 1: Während dieses Pron. bei *G. d. B.* und *Mac.* kaum vorkommt und in *Fier.* einmal als Apposition zu *Karles (v 5071: Karles nostre empereres),* findet es sich in den jüngern Epen zahlreich
besonders am Anfange einer Tirade und eines Verses.

Spezielle Beispiele sind überflüssig.

Ad 2: Wie schon früher bemerkt, steht es vor allem zur Hervorhebung des Gegensatzes zwischen Freund und Feind anfänglich
vorzugsweise bei Erwähnung von Thaten der Franzosen, aber auch
bei Schilderung einer misslichen und gefährlichen Lage, in die sie
unversehens geraten sind, und in Fürbitten für dieselben:

So *H. d. B:* Jerôme greift mit seinen Genossen die Besatzung
des Schiffes an, welche dem von Huon erschlagenen Riesen Tribut
bringen will. Diese ist unbewaffnet, die Franzosen sind jedoch
wohl gerüstet und werden mit Leichtigkeit Sieger. Der Gegensatz
und die für die Franzosen daraus entspringende Folge werden so mit
no hervorgehoben:

v 5968: Cil ne se gardent, qui furent desarmé,
Et no baron furent bien apresté etc.

Andererseits: *Fier:* Die Franzosen sind in einen Turm ein-
geschlossen, daher *v 3041: Or ait Diex nos comtes par la soie bonté.*

Ad 3: Es treten auf die Verbindungen *nos Français, nos chré-
stiens, nostre gent, les nos, nos, nostre ost:*

G. d. B: Schilderung von Thaten:

v 3699: Et nos François les fierent, qui Ihesu puist aidier!

Enf. O: Zum Gegensatz, wie der Heide K. in die Reihen der Franzosen sprengt:

> *v 5485: Enmi no gent vint fierement brochant.*
> *D'un dart qu'il ot aloit moult damagant*
> *Nos crestiens et chevaus ociant.*

Fier: Erwähnung von Verlusten:

v 1720: Ocis nous ont Guillaume etc.

Ot: Die Übermacht der Feinde bringt die Franzosen zum Weichen:

> *v 1715: Par tel vertu ont nostre ost si hastée*
> *Que forment l'ont arriere reculée.*

4) Allmählich aber schwindet der Zweck, Gegensatz und Teilnahme auszudrücken, und die Pron. stehen ohne Absicht, beliebig, und wie es das Versmass *(nostre* statt *li)* gestattet oder erfordert.

VI. (cf. pag. 62.)

I₁. Persönliche Wendungen im engeren Sinne:

1) *Mien escientre, ce m'est (a)vis, en mon cuidier, ce croi, ce cuit.*

Diese werden vielfach als Lückenbüsser verwendet.

2) Angemesseneren Gebrauch finden *mien esc.; en mon cuidier, ce croi* bei Zahlenangaben, um das „Ungefähr" zu bezeichnen.

Ot: Clarel sucht vergebens seine fliehenden Leute zusammenzuhalten:

> *v 1230: Mais de XXᵐ, par le mien escient,*
> *Ne pot avoir de chevalier que cent;*

Gayd: v 2669: Voient Ferraut par delez un rochier,
> *Et Amaufroi sor Vairon le legier*
> *N'estoient pas IIIᶜ au mien cuidier;*

ähnlich zur „ungefähren" Angabe einer Entfernung:

> ibid. *v 8647: Les la fontaine, soz le puit el chaumoi,*
> *Pas defors l'ost, à quatre arpans, ce croi.*

3) Ähnliche Wendungen stehen vielfach zur Verneinung einer bestimmten Angabe überhaupt *(ne sai nommer)*:

Fier: Es wird erzählt, wie König Alexander Rom geplündert und auch die Reliquien mit sich genommen habe:

v 62: Et les dignes reliques que je ne sai nommer.

— Das positive *je sai nommer* etc. findet sich allein nur bei *Fier: v 65* und *Gayd: v 7140;* im übrigen ist es immer mit einem bekräftigenden Adverbium *(vraiement)* versehen. (Darüber s. B. V.) —

Äusserst beliebt ist die Formel *ne vous sai (quier) deviser,* wenn es sich darum handelt, Tagreisen oder Märsche eines Helden, bezw. eines Heeres zu erwähnen, wo in der Regel jede genaue Angabe vermieden wird, z. B. in

H. d. B: v 3193: De lour jorneés ne vous quier deviser.

4) Auch zur Bestätigung der Unmöglichkeit, eine bestimmte Angabe qualitativer oder quantitativer Art machen zu können, um sie gerade dadurch hervorzuheben, haben wir zahlreiche ähnliche Beispiele. U. a.:

Mac: v 2459: Si grant fu la bataile e si dura e fer
        Ne vos la poroit e ne dire ne conter;
Fier: v 4915: Des chevaliers de Franche ot ocis ne sai quans.
H. d. B: v 1260: Sour lui se pasme, ne sai V fois u sis.

II₁. Anreden an das Publikum:

1) *N'orrez, ne verrez,* um die Bedeutung einer Person oder eines Gegenstandes oder die Gewalt einer Schlacht hervorzuheben:

G. d. B: v 1776: De si fait pautonnier n'orrés jamais parler
ibid. *v 2321: Il ot escu et hiaume et son branc aceré,*
        Et escu fort et roide ja meillor ne verrés.
Fier: v 1147: Moult fu fors la bataille, ja plus fiere n'orrés.

2) Um auf Schmerz hinzuweisen:
Z. B. *H. d. B:*

v 6863 : Ele fait duel ja si grant ne verrés.

VII.

Allgemein Subjektives.

Hier wurden die unter sich verschiedenen Punkte vereinigt, welche unter keinen der vorhergehenden passten und wegen ihres weniger zahlreichen Auftretens auch nicht für sich allein Beachtung verdienten:

I₁. Unterbrechungen, die aus dem Rahmen der Erzählung heraustreten und sich auf die Gegenwart des Dichters bezw. Sängers und seiner Zuhörer beziehen, wie z. B. in

G. d. B: Bei Erwähnung von Richard v. d. Normandie, welcher Fescamp gründete, bemerkt der Dichter:

v 76: Encore i gist en fiertre en une tor antie.

Ähnlich: *B. a. gr. p: v 1479.*

II₁. Hinweisung auf frühere Epen, welche dem Publikum bekannt waren.

1) *Gayd:* Bei der Beschreibung des Pferdes Clinevent heisst es u. a.:

v 1205: Desor celui fu marsille tuez
En Ronscevauls, si com oï avez.

2) Wie schon bei Rol., so wird auch in anderen Epen da und dort an Guenelons Verrat und Strafe gelegentlich erinnert:

G. d. B: v 1157: Que puis les vandi i Ganes au roi Marsilion,
Et traï par envie les XII compaignons,
En Reinschesvaus morurent à grant confussion.

Ähnlich in *G. d. V:* p. 127; *Fier:* am Schlusse etc.

III₁. Zur Erhöhung der Lebendigkeit dienen zahllose Wendungen mit *jà* und dem Futurum, wie *jà dira, jà fera, jà laissera, jà voldra etc.*, welche eine Art Übergang zu eigentlich subjektiven und vorgreifenden Bemerkungen darstellen und den in *Bal.* besonders hervorgehobenen an die Seite zu setzen sind. Ein Beispiel möge genügen, um die Natur aller erkennen zu lassen:

Fier: Die Verräter haben Karl veranlasst, den Rückzug anzutreten und somit Roland im Stiche zu lassen.

Während des Marsches aber kommt Richard angesprengt und bringt von Roland Nachricht, deren Inhalt angedeutet wird durch

v 4581: Ja dira tel parole dont seront lié pluisour,
Mais dolent en seront li felon traïtour.

IV₁. Hierher könnten noch gerechnet werden allgemeine Betrachtungen und Reflexionen des Dichters, wie sie bei *Fierabras*

(v 17 ff.) und vor allem bei *Enf. O. (v 7782 etc.)* und *B. a. gr. p.*
(v 1479, 1556, 1667) etc. vorkommen.

V₁. Endlich gehören zu den subjektiven Wendungen noch die
Sprüchwörter und Sentenzen, welche jedoch von anderer Seite schon
behandelt wurden.[20])

B. Spätere Beifügungen von Überarbeitern und Jongleurs oder auch Zuthaten des Originaldichters selbst etc.

Am Anfange des Gedichts:

I.

Der Sänger gebietet Stillschweigen, nimmt mit den einleitenden
Worten: *„oiez Seignours"* die Aufmerksamkeit der Zuhörer für sich
in Anspruch und wünscht ihnen den Segen Gottes. In Verbindung
damit kündigt er zugleich mehr oder weniger lobend den Stoff seiner
chanson an und giebt in manchen, besonders späteren Epen, den Inhalt zum voraus kurz wieder.

1) Er gebietet Stillschweigen z. B. in

Fier: v 1: Seignour, or faites pais, s'il vous plaist, [escoutez],
Canchon fiere et orible [jamais meilleur n'orrez];

2) Er beginnt mit *„oiez"*, wünscht für die Zuhörer den Segen
Gottes und kündigt in einfachster Form den Inhalt an z. B. in

G. d. B: v 1: Oiez, seignour baroun, Dieus vous croisse bonté,
Si vous commencerai chançon de grant barné,
De Charle l'emperere, le fort roi corouné.

3) *Mac.* hat schon eine grössere Einleitung, worin uns die drei
Hauptpersonen der Handlung genannt und kurz charakterisiert werden,
Macaire, der schurkische Verräter, Karl, der mächtige und gegen die
Heiden siegreiche Kaiser, Blancheflor, seine schöne, gute und kluge
Gemahlin aus erlauchtem Geschlechte *(v 1—24).*

Dasselbe ist der Fall bei *H. d. B.,* dessen verschiedene uns
bekannte Handschriften interessante Abweichungen zeigen.[21])

---

[20]) Ebert, Die Sprüchwörter der afr. Karlsepen, Ausg. u. Abh. XXIII.
[21]) cf. Ausgabe von Guessard, préf. p. XL., XLI.

Die älteste Handschrift von Tours, welche aus dem 13. saec. stammt und in ihrer ersten Tirade Alexandriner aufweist, beginnt mit einfacher Aufzählung der Hauptpersonen, Huon und Auberon, und geht dann sofort zum eigentlichen Gedichte selbst über.

Dagegen zeigt die Handschrift von Paris aus dem 15. saec., welche ebenfalls in Alexandrinern angefangen ist, schon Erweiterungen.

In der Handschrift von Turin wird die Herkunft Auberons näher mitgeteilt und seine Gestalt genau beschrieben. Letzteren An-fang hat Guessard in seine Ausgabe aufgenommen. *(v 1—28.)*

4) Wieder andere Epen spielen gleich in der Einleitung auf sonstige an und erwähnen gerne den Verrat Guenelons und den Unter-gang der zwölf Pairs bei Roncesvaux, so *Ot: v 1—15.*

Auch *Gayd.* gedenkt dieser Ereignisse und kennt *G. d. B.* In der Handschrift *b* [22]) von *Gayd.* wird am Anfang gleichfalls des Un-glücks bei Roncesvaux Erwähnung gethan und in der zweiten Tirade dazu vom Begräbnisse Rolands und Oliviers, vom siegreichen Zwei-kampfe Gaydons gegen Pinabel und von der Bestrafung Guenelons er-zählt. Im Anschlusse daran werden die sieben Verwandten des Verräters genannt, darunter Thiebaut d'Aspremont, welcher hierauf sofort mit: „*E dist Thiebaus*", redend eingeführt wird. Dass diese Einführung ohne jeden Übergang äusserst ungeschickt und plump ist, liegt auf der Hand. Sie liefert uns wieder ein Beispiel dafür, wie es den Sän-gern und Überarbeitern späterer Zeit nicht darauf ankam, das G a n z e in Rücksicht zu ziehen, sondern die E i n z e l h e i t e n recht eingehend und breit auszuschmücken, gleichviel ob dann die sich anschliessenden Verse als Fortsetzung passten oder nicht. Daraus erklären sich die vielen Widersprüche und Inkorrektheiten in den Epen der sinkenden Blütezeit.

5) Andere z. B. *Entrée de Spagne* beginnen mit einer religiösen Einleitung (pag. 2 in der betr. Ausgabe).

---

[22]) cf. Ausgabe von Guessard, préf. p. XX ff.

II.

Der Sänger beruft sich auf eine Quelle, meistens ein berühmtes Kloster (St. Denis), drückt sich jedoch bezüglich derselben oft auch ganz unbestimmt aus *(trouvons lisant):* U. a.:

1) *Fier: v 3: Ce n'est mie menchoigne, mais fine verités,*
   A Saint Denis en France fu li raules trouvés,
   etc.

Gayd: Handschrift b:

   Bone chançon plaist vos que je vos die?
   Ce nen est pas d'orguel ne de folie
   Ne de menconge atraite ne fornie,
   Ainz est de Challe le roi de Seint Denise;

ähnlich ist der Anfang von *G. d. V.* u. v. a.

2) Ganz unbestimmt äussert sich der Sänger in *Ot: v 1—11,* wo er sagt:

   v 6: Tant s'entramerent, ce trovons nos lisant.

3) Recht ausführlich dagegen berichtet Adenès am Anfange seiner beiden Epen *Enf. O., B. a. gr. p.,* er habe sich in St. Denis die Geschichte von einem Mönche *(courtois moines)* — bei *Enf. O.* nennt er ihn „*Dant Nicolas de Rains*", bei *B. a. gr. p.* „*Savari*" — zeigen lassen, um ja nur Wahres berichten zu können: *Enf. O: v 6—7; v 35—v 50; B. a. gr. p: v 6—v 15.*

4) Zugleich verleumdet er auch in beiden Gedichten andere Sänger, über welche er sich erhebt, behauptet, sie hätten die Geschichte an verschiedenen Stellen gefälscht und verständen nicht recht zu reimen u. s. w.

Enf. O: v 13: Cil jougleour qui ne sorent rimer
   Ne firent force fors que doutans passer
   L'estoire firent en pluseurs lieus fausser etc.
B. a. gr. p: v 13: Apprentic jongleour et escrivain mari
   Ont l'estoire faussée, onques mais ne vi si.

Da sich bei den Karlsepen nur noch in *Ot.* eine gleiche Stelle findet, so möge diese hier sofort genannt sein:

v 16: Am Ende der Einleitung:

Cil jugleour n'en dient tant ne quant
Car il ne serent le grant encombrement
Qu'avint à Kalle, que Dex parama tant
Qu'il fist miracle por lui en son vivant.

In der Mitte des Gedichts.

III.

Bei den verschiedensten Gelegenheiten und Anlässen beansprucht der Sänger das Recht der Glaubwürdigkeit. Er thut dies

1) indem er sich auf Quellen, jedoch unbestimmter*) Natur beruft, wie

a) *li escris, l'estoire, l'autorité, le latin, une chronique, la chanson* oder auf

b) Gewährsleute *l'autor, li letré* oder selbst als Zeuge eintritt und behauptet, seine Geschichte zu wissen;

c) durch *com j'entends, j'ai entendu, oï, oï conter, ço savum assez, je puis tesmoigner,*

d) oder indem er auf allgemein Bekanntes und Erzähltes hinweist, *com le set on, dit on, vous avés entendu;*

2) Dadurch, dass er versichert, er berichte Wahres:

a) *gel vos di, pour voir dire et afier, pour voir je di, je di par verté, par ver(i)té;*

b) *c'est ver(i)té, c'est fine ver(i)té, c'est ver(i)té prouvée, c'est ver(i)té pure;*

c) *n'en doutés(z) mie, ja mar ne mesquerrez;*

d) *que vous mentiroie?*

Es seien kurz einzelne Belege angeführt, welche beliebig aus dem Stoffe herausgenommen sind:

1) Der Sänger nennt solche Quellen, wenn er seine Angaben über Personen und die besondere Bewandtnis, die es mit denselben hat, über gewaltige Thaten, über Zahlen- und Zeitverhältnisse und sonst bemerkenswerte Fälle oder dem Publikum fern liegende Objekte genauer bestätigen zu müssen glaubt:

---

*) Nur Adenés weist auch inmitten des Gedichtes auf bestimmte Quellen, nur einmal auf die Teilnehmer einer Schlacht, sonst immer auf *St. D. u. s. Chron.*: *Enf. 0. v 1315. 4076, 4991, 7631; B. a gr. p: v 902, 1386.*

a) *G. d. B:* G. versetzt seinem Gegner einen so gewaltigen Schlag, dass

> *v 2482: Plus de IIII C mailles, ou fu li ors sartis,*
> *En a fait defauser, si com dist li escris.*

Pr. de P:

> *v 1413: Quant Zarllemagne oit Pampelune souzmise*
> *E la gient batizee, com l'istoire devise,*
> *Il sejourna etc.*

Ein Beispiel bei Angabe über Familienverhältnisse bietet:

Fier: Es wird von den Verfertigern der zwei Schwerter von F. erzählt:

> *v 642: De ceus qui les forgierent vous dirai verité,*
> *Car il furent III frere tout d'un pere engerré.*
> *Galans en fu li uns, ce dist l'auctorité;*
> *Manificans fu l'autres sans point de fausseté;*
> *Aurisas fu li tiers, ce dit on par verté.*
> *Ceulx firent IX espies dont on a moult parlé.*

In diesen Versen sind durch die Häufung der bestätigenden Ausdrücke zugleich eine Menge Beispiele für b enthalten, welche für Erkenntnis der Art der Anwendung lehrreich scheinen: Zunächst kündigt der Dichter allgemein an, dass er über die zu nennenden Personen die Wahrheit sagen werde. Damit giebt er sich indes nicht zufrieden. Bei jedem einzelnen der drei Brüder, die er nennt, fügt er ausserdem noch eine die Wahrheit seiner Aussage versichernde Formel hinzu.

Eine Zeitangabe, welche zu belegen unnütz und ohne Wert ist, steht bei *Pr. d. P:*

> *v 456: Cil jour avant super si com dit le latin,*
> *Çarllemagne envoia por l'amirant pain.*

Einerseits scheint es dem Dichter späterer Zeit nötig, genauere (Zeit- und Orts-) Angaben durch solche Formeln zu bekräftigen, andererseits aber führt der häufige Gebrauch an Stellen, wo sie nicht gerade notwendig, indes auch nicht sinnlos sind, allmählich dazu, sie ohne jene Absicht und als Lückenbüsser im zweiten Teil eines Verses zu verwenden,*) meist um dem Reime Genüge zu leisten. So z. B. bei:

Pr. d. P: Roland giebt einem Knappen einen Auftrag und führt nach dessen Weggange den Altumajour in ein Gemach. Dieser an sich jeder Bedeutung entbehrende Vorgang wird bestätigt durch:

v 5258: E quand cil fu partu, com je en cronice voi,
Rolland en une zambre, ch'estoit painte ad orfroi
Amena Alt. etc.

Eine vorgreifende Bemerkung wird in ähnlicher Weise bekräftigt in *Gayd:*

v 4687: Si fist il puis, si com dist la chansons.

b) *Pr. de P:* Eine gewaltige Leistung von Guon wird nur mit Vorsicht erwähnt:

v 3747: Tout jour e toute nuit, se l'autour ne menti
Civauça le baron che repois ne queri.

Nicht nur fingierte Persönlichkeiten, sondern auch Sagengestalten des klassischen Altertums, welche dem grossen Publikum ferner lagen, werden so eingeführt:

Fier: v 2032 .... Là où Jason ala, là ù fu en dité,
Por l'ocoison d'or fin, ce dient li letré.

In *Gayd:* Bei Erklärung dieses Namens ähnlich:

v 7344: Mais por 1 gay, ce dient li auctor etc.

c) *Ot: v 20: Ce fu à Pasques, si comme oï avon,*
Tint sa cour Kalles à Paris, sa meson etc.

Bei dieser Zeitangabe, womit die meisten der Nationalepen beginnen, hat der bestätigende Zusatz noch Sinn; heisst es aber bei *Pr. d. P.* gelegentlich des Berichtes über die Eroberung einer Stadt:

v 5437: Quand tous furent dedens, Carpent, com je entant
Jeta aval l'ensagne Maoçeris l'amirant,

so bezweckt diese Redensart nur Ausfüllung des Verses.

Mehr Berechtigung hat eine solche Formel bei einer Zahlenangabe, obgleich sie auch hier meist eher aus Rücksicht auf Vers und Reim steht, als aus Notwendigkeit:

ibid. v 6002: Bien dous mile serjans, selong che ai oï,
Se carzerent de bacés sens autre aubre florie.

---

*) Darüber wird speziell noch bei Adenès zu sprechen sein.

In *Gayd.* meint der Sänger über die unbestimmte Herkunft des Pferdes Clinevent:

> *v 1186: En I celier le fist li Turs garder*
> *Grant piece i fu si com j'oï conter.*

Weniger zur Bestätigung als zur Erhöhung der Lebhaftigkeit der Schilderung und zur nachdrücklichen Hervorhebung dient eine ähnliche Phrase ibid. Schilderung einer Kampfesscene:

> *v 2675: Poi en i od, ce vos [puis] tesmoignier,*
> *Qui n'aient fait le sanc dou cors raier.*

Zwecklos ist eine verwandte Redensart gebraucht bei *Ot:*

> *v 103: Ja le ferist, ço sarum assez.*

d) Mit den genannten Wendungen werden fast überall Sprüchwörter und Sentenzen eingeleitet (cf. Ebert a. a. O.)

Auch beziehen sie sich vielfach auf das, was als durch an dere Gedichte schon bekannt vorausgesetzt wird; z. B. *G. d. V. p. 132.*

Nur bei *Gayd: v 8365* und

> *Pr. d. P: v 1256, 1470, 1532, 1584, 4410*

finden sich diese Formeln, um auf das in dem Gedichte selbst schon Erzählte und darum Bekannte hinzuweisen.

2) Der Sänger versichert, er berichte Wahres; dies geschieht zunächst wieder zur einfachen Bestätigung seiner Aussagen, vorzugsweise bei Beschreibung staunenerregender Eigenschaften von Helden und deren Leistungen, bei Erzählung wunderbarer Vorkommnisse und kaum glaublicher Begebenheiten, auch bei Hinweis auf grosse Freude und starken Schmerz, dann aber häufig nur zur Ausfüllung des Verses und dem Reim zuliebe.

a) *Gayd:* Gautier wird beschrieben:

> *v 4946: N'a si fort home en trestout le païs,*
> *Se il le porte I arpent et demi,*
> *Qu'il ne fust auques foibloiez, gel voz di;*

Fier: Vom Titelhelden heisst es:

> *v 633: Or vous puise bien dire et pour voir afier,*
> *Qui péust le paien à loisir esgarder,*
> *De trop bel chevalier li péust ramenbrer.*

Pr. d. P: Guron hält sich, aus 20 Wunden blutend, noch aufrecht und legt zu Pferde noch eine ungeheure Strecke zurück:

v 3741: Grand pieçe seroit mort, pour voir je le vus di.

b) Die kaum glaubliche Ursache des Todes eines Königs veranlasst den Zusatz:

Fier: v 2159 : Puis en mourut de duel, ce dist on par vreté; bei Erwähnung des Wunderhornes heisst es

in *H. d. B: v 3236: Qui le cor ot, çou est la verités,*
        S'il a famine, il est tous asassés etc.

Bei einem ähnlichen wunderbaren Ereignis:

Fier: v 1051: Or n'iert jamais li feste saint Jehan en esté,
        K'il ne flote sur l'yaue, c'est fine verités.

Ot: Die Heiden gebrauchen eine List, um den Franzosen Schrecken einzujagen. Diese Absicht bestätigt der Dichter durch

v 1712: Por ce le firent, c'est verité provée,[*])
        Que l'ost de France en fust espoentée.

Ferner *Gayd:*

v 8018: Et lor haubers et lor autre arméure,
        Sont moult malmis, ce est veritez pure;

c) ibid. *v 10867: Gaydes en ot grant duel n'en doutez mie.*

H. d. B: v 3636: Bien sont servi, ja mar le meskerrés.

d) *Fier:* Als Olivier von der feindlichen Übermacht überwältigt gefangen genommen wird:

v 1685: Que vous en mentiroie? prins l'ont et retenu.

Anhang über den Sprachgebrauch von Adenès.

Der diesbezügliche Sprachgebrauch bei Adenès blieb oben unerwähnt, weil der brabantische Dichter weit häufiger und darum bedeutungsloser von den verschiedenen Bestätigungsformeln Gebrauch macht, als dies in allen andern Karlsepen der Fall ist.

Daher sollen diese und die Art ihrer Verwendung allgemein im Zusammenhange den Gegenstand einer kurzen Besprechung bilden.

1) Seine Berufung auf unbestimmte Quellen oder allgemein Bekanntes u. s. w. hat meistens einige Berechtigung; allein er zeigt bei

---

*) Diese Wendung steht öfters auch bei Sprichwörtern, z. B. *Gayd: v 8116 etc.*

dem sonst gleichen und entsprechenden Vorrat von Formeln einen
von den übrigen Gedichten verschiedenartigen Sprachgebrauch. Dazu
kurz einige Beispiele: *Enf. O:* Er beruft sich z. B. auf *escris* bezw.
estoire, wenn er angiebt, dass König Danemont das und das Gelöb-
nis gethan *(v 774),* dass Ogier das Pferd Broiefort lange in Besitz
gehabt habe *(v 4078),* dass der Kampf ein gewaltiger sei *(v 5447),*
an Stellen, wo die andern Epen sich damit begnügt hätten, die Wahrheit des Gesagten zu versichern.

Wenn er bei Orts-, Zahl- und Zeitangaben *(Enf. O: v 7535,
7546; B. a. gr. p: v 78, 118, 3033, 3164)* sich auf Gehörtes beruft,
hat dies wohl noch Sinn; doch schon mehr des Reimes wegen thut
er dasselbe bei *Enf. O: v 4871, 5096* u. s. w.

Während *set on* etc. [mit Ausnahme von *Gayd.* (einmal) und
Pr. d. P.] nur Sprüchwörter einleitet, verwendet Adenès diese Formeln auch sonst, z. B. bei einer Zeitangabe *(Enf. O: v 265)* und
mit Recht beim Hinweis auf Karls Persönlichkeit und seine Eigenschaften *(v 5030, 7754),* auf welche er auch als auf etwas Bekanntes
in dieser Art bezugnehmen durfte.

Etwas anderes ist es in *Enf. O.* bei den Versen *5117 ff.,* welche
er der lobenden Erwähnung von „*dux Tierris d'Ardane*" folgen lässt:

> *v 5117: Li premiers dux de Braban, ce dist on,*
> *Qui Godefrois à la Barbe ot à non,*
> *Porta tés armes, de droite extracion,*
> *De par celui dont vous fais mencion.*
> *Jcis dux gist, vraiement le set on,*
> *A Haflenguien, là le trouveroit on,*
> *En l'abeïe; gent de religion*
> *A moult eū en icele maison*
> *D'ancien tans, ainsi le tesmoigne on.*

Er sagt also, der erste Herzog von Brabant habe ebensolche
Waffen gehabt, wie Tierris, und fügt über das Grab desselben Näheres
hinzu.

Wie schon Scheler in seiner Ausgabe (p. 296 unter *v 5121)*
bemerkt, ist kaum einzusehen, was die Thatsache, dass Godefroy le
barbu in der genannten Abtei begraben worden, zur Verherrlichung

und zum Ruhme von Tierris beitragen solle (welcher ebensolche Waffen getragen). Man erkennt nur daraus das Streben, die Erzählung, besonders bei Anführung von historischen Persönlichkeiten, durch gewisse Anhaltspunkte, wie Abteien und Klöster, glaubwürdiger zu machen; dies geschieht aber wie hier oft in solcher Art und Weise, dass der Zusammenhang zwischen beiden kaum zu begreifen und damit der Grund der Bestätigung selbst nicht zu fassen ist.

2) Auch die verschiedenen Formeln zur Versicherung der Wahrheit sind im grossen und ganzen dieselben, stehen auch bei ähnlichen Gelegenheiten und im gleichen Sinne wie bei den übrigen Epen, jedoch in viel ausgedehnterem Masse, so bei Erwähnung von bemerkenswerten Gegenständen u. a. und vielfach als unmotivierte Phrasen am Versende. Wie bei den andern Epen wird damit bei *Enf. O:* *r 6118, 6423* die Tapferkeit hervorgehoben, *v 414* eine etwas zweifelhafte Thatsache als wahr versichert und damit zugleich auf die Grösse des Schmerzes hingewiesen, *v 1480* die Freude betont; aber *v 2588, 5153* zeigen uns den Gebrauch bei Erwähnung von auffallenden Gegenständen, so der Pracht und Kostbarkeit von Rüstungen, und ähnlich *v 782, 2588, 1230, 2787,* wo diese Formeln leicht zu entbehren wären und schon zumteil phrasenhaft und ohne Bedeutung stehen.

Als Lückenbüsser sind sie zu betrachten in *v 1609, 5582, 7336, 7676;* in der Nähe des Tiradenanfangs *v 5919,* am Tiradenanfange *v 3230, 4097, 6189;* am Ende *v 5278, 7417,* gegen Ende *v 6256.*

Eine Menge solcher Wendungen tritt uns auch in *B. a. gr. p.* entgegen: *v 296* versichert der Dichter, den Namen eines Menestrels nicht zu wissen, *v 786* und *1163* bekräftigt er damit seine Worte; bei Zeitangaben *v 196, 2233, 3255,* bei Ortsangaben *v 3425* vergisst er die Bestätigung nie; besonders häufig gebraucht er sie hier beim Hinweis auf Freude *v 3115, 3161, 3164* und auf Schmerz *v 563, 2301, 2769, 3241.* Ohne jeden Grund stehen diese Phrasen am Anfange *v 196, 1235, 1379, 3469;* sonst *v 1462, 1612, 1937.*

Zwei Wendungen sind neu, von welchen die eine sich sonst zwar findet aber nur in Dialogen und nie als Bekräftigung des Dichters selbst: „*mentir n'en vous quier*" und „*pour voir je vous plevis*"; einmal steht das sonst auch ungebräuchliche „*c'est chose passée*" *(Enf. O:*

v 6256). Bei Schilderung von Freude und Schmerz ist in andern Epen fast ausschliesslich üblich: *„sachez de voir"* etc., aber kaum eine obigen entsprechende Formel.*)

IV.

Mitten in der Erzählung nach längerer oder kürzerer Unterbrechung, d. h. in der Regel am Anfange eines neuen Abschnittes, wird ganz ähnlich wie bei Beginn des Ganzen, die chanson von neuem angekündigt: So z. B. *H. d. B:*

> *v 4963: Or vous redoi de Huelin parler etc.*

Grosse Gedichte konnten an einem Tage nicht vollständig vorgetragen werden und wurden daher in 2 Absätzen an zwei Tagen hintereinander rezitiert. Dabei ist jedoch nicht an ein willkürliches Abbrechen zu denken. So weist schon Guessard in seinem Vorwort p. LIV. darauf hin, dass man nach der bekannten Stelle in *H. d. B: v 4947 ff.* das Gedicht hätte betiteln können: *H. d. B., „chanson de geste en deux journées".* Auch Gautier (Epop. III.) erwähnt diese kulturhistorisch interessanten Verse, aus denen deutlich hervorgeht, dass das Gedicht in 2 *„journées"* vorgetragen wurde, welche sich ihrer Ausdehnung nach ziemlich gleichkommen.

Eine analoge Stelle findet sich bei *Gayd.* in der Handschrift, welche Guessard und St. Luce mit c bezeichnen.[23]) Diese steht ebenfalls in der Mitte des Gedichtes *v 5255 ff.* Hierin bietet der Jongleur eine Art Resumé des vorher Erzählten und kündigt mit den üblichen Anpreisungen seines Gedichts und Verleumdungen anderer Sänger den Inhalt des Folgenden kurz an.

Somit gilt auch für *Gayd.,* was von *H. d. B.* bemerkt wurde, dass das Gedicht in 2 *„journées"* zerfiel, wie gleichfalls Guessard am genannten Orte meint.

Aus diesen Zusätzen von Jongleurs, welche beide Gedichte in nahezu gleiche Hälften teilen, ist also einmal zu entnehmen, dass Epen von grösserer Ausdehnung**) nicht an einem Tage, sondern in Ab-

---

*) Dagegen gebraucht Adenés diese Wendung beliebig in verschiedener Weise.
[23]) Ausg. v. *Guessard et Luce, page 342 (Notes et Variantes).*
**) Abgesehen davon, dass längere Gedichte späterer Zeit zur Lektüre bestimmt waren.

schnitten vorgetragen wurden; ferner dass an einem Tage höchstens
4—5000 Verse zum Vortrage kamen und somit die Rezitation noch
längerer Gedichte, als die obigen sind, mehrere Tage in Anspruch
nahm. Dies ist sehr erklärlich, wenn man sich vorstellt, welch' bedeutende Leistung es schon erfordert haben mag, 5000 Verse zu
rezitieren, was der Jongleur in *H. d. B: v 4948 „Je sui moult lassé"*,
nicht verhehlt. Dass auch diese dem Publikum nicht auf einmal geboten wurden, ist selbstverständlich und wird durch verschiedene
Stellen bezeugt, die auf Zwischenpausen schliessen lassen:

So *H. d. B: v 1082:*

> *Or faites pais, segnor, pour Dieu le grant,*
> *S'oiiés cançon de moult fier contenant,*
> *Si c'Amauris, li cuivers souduiant*
> *Vint à Paris desor son auferrant*
> *Es s'orrés ja le duel fier et pesant.*

Hierauf wird der Inhalt der vorhergehenden Tirade ausführlich
wiederholt, was mit der ganzen Art der Ankündigung auf eine Pause
hindeutet; ferner

ibid. v 5476: Or faites pais, s'il vous plaist, escoutés,
> *Se vous dirai cançon se vous volés;*
> *Je vous dirai, par les sains que fist Dés:*
> *Me cançon ai et dit et devisé,*
> *Se ne m'avés gaires d'argent donné;*
> *Mais saciés bien, se Dix me doinst santé*
> *Ma cançon tost vous ferai definer etc.*

Dass diese Verse nicht an dieser Stelle gesungen worden sein
konnten, ist klar. Denn 500 Verse vorher *(v 4947 ff.)* stehen die
bekannten Verse, welche auf Schluss der ersten *journée* hinweisen
und durch die wieder einleitende Stelle *v 4963 „Or vous redoi"* etc.
als solcher bestätigt werden. Diese hier aber unterbrechen eine Tirade,
welche ganz andere Assonanz zeigt, und weisen auf das baldige Ende,
das indes erst nach 4000 Versen kommt! Daher sind sie auch nicht
als Zwischenpause anzusehen, sondern scheinen von einem andern
Jongleur [24]) herzurühren, welcher sie anstatt der vorhergehenden viel-

---

[24]) Tobler a. a. O. schreibt sie demselben Jongleur zu.

leicht an jener Stelle vorbrachte. Hierher mögen sie durch Einfügung eines Kopisten gekommen sein, welcher von dem Sinn wenig verstand.

Ferner bei *Gayd.* am Ende einer Tirade:

> *v 4875: Huimais commence chansons à enforcier,*
> *Si com li fil alerent tornoier*
> *Contre lor peres au fer et à l'acier.*

Das *huimais* deutet schon auf Zusatz eines Jongleurs, welcher den Inhalt des folgenden Teiles ankündigt. Da wir bei *Gayd.* c. 400 Verse später einen ähnlichen, jedoch bei weitem ausgedehnteren Einschnitt finden, so ist leicht möglich, dass dieser hier Teil einer längeren Ankündigung bildet, welche nicht ganz erhalten ist und ursprünglich am Anfang der neuen *journées* gestanden hat.

Bei *G. d. B.* treten uns zwei Passus entgegen, deren Ähnlichkeit mit den Ankündigungen am Anfange und deren Beginn mit *huimès* alle Zweifel heben und sie als neue Ankündigung nach Pausen darstellen. Denn aus einem andern Grunde können sie wohl nicht eingefügt sein.

> *v 1160: Huimès porrois oïr une bonne chançon;*
> *Jamès par jugléor tele n'orrez nus hom.*

Diese beiden Verse stehen am Ende einer Tirade. Dies kann kaum ihr ursprünglicher Platz gewesen sein. Denn nach Form und Inhalt kennzeichnen sie sich als Ankündigung eines neuen Abschnittes. Auch endet die Tirade durch eine abschliessende vorgreifende Bemerkung, wie es häufig vorkommt. Daher bildeten die genannten Verse zunächst wohl den Anfang einer neuen Tirade für sich, welche dem Reime der vorhergehenden sich anschloss und in ihrer Fortsetzung nicht erhalten ist. Dies ist um so glaublicher, als die drei nächsten Verse ebenfalls späterer Einschiebung eben durch einen Jongleur zuzuschreiben sind. Denn sie machen sich dadurch als solche kenntlich, dass sie offenbar ganz ungeschickt den Inhalt der vorhergehenden Tirade wiederholen *(v 1162—v 1165, v 1163—v 1175).*

Eine etwas besser erhaltene Ankündigung ist ibid. *v 3718: Qui huimès veut oïr chançon bel commencier*
> *Si se traie en avant et laisse le noisier,*
> *Con rois Guis s'acorda à Karlon au vis fier etc.*

Doch auch hier fehlen ein oder mehrere Verse zwischen *v 3719*
und *3720*, welche keinen Zusammenhang haben.

Bei *Fier.* ist ebenfalls in

v 5033: Huimais orés chançon, s'entendre le volés — ein Teil
einer neuen Ankündigung nach einer Pause erhalten.

Das Vorhandensein solcher Ankündigungen in den beiden Gedichten von Adenès beweist die frühere Annahme, dass solche Zusätze
in Gedichten späterer Zeit aus der Feder der Dichter selbst stammen,
weil sie eben als zum Epos gehöriges Beiwerk angesehen wurden.

So *Enf. O: v 240: Seignours, oyez estoire de renon etc.;*
B. a. gr. p: v. 897:

> *Seignor, or escoutez, pour Dieu ne vous anuit*
> *Si orrez vraie estoire dont li ver sont bien duit etc.*

Ähnliche Stellen sind noch bei *G. d. V. p. 81; p. 88; Aspremont
p. 260 Cod. IV.; Entrée de Sp. p. 251; p. 259.*

Wann wurden Pausen gemacht?

Nach den angeführten Stellen könnte man annehmen, dass dies
nach 1000 bis 1500 Versen geschah. Während der Pause konnte
sich der Sänger erholen und an Speise und Trank laben. Ob jedoch
während derselben immer auch Geld eingesammelt wurde, ist zweifelhaft. Aus 3 Belegen lässt sich schliessen, wann man die geforderte
Unterstützung einzuheimsen pflegte.

Daher mögen diese im Anschlusse hieran folgen:

Zwei derselben sind schon erwähnt: *H. d. B: v 4947 ff.* und
v 5476 ff.; dazu ist noch zu nennen:·

G. d. B: v 4135: Qui or voldra chançon oïr et escouter,
> *Si voist isnelement sa bourse desfermer,*
> *Qu'il est huimès bien tans qu'il me doie doner.*

Daraus geht hervor, dass der Sänger am Ende seines Vortrages
oder einige 100 Verse vorher die Hörer an die schuldige Pflicht mahnte.

Wenn uns auch verhältnismässig wenige solcher Stellen bekannt
sind, die auf Pausen schliessen lassen, so ist ein Beweis für ihr zahlreiches Vorkommen und den allgemeinen Gebrauch die häufige Anwendung von **kürzeren** Versanfängen bei Beginn und auch beliebig

in der Mitte der Tirade, welche den ersten Vers oder auch nur einen
Teil desselben oder den Anfang des zweiten Verses jener Ankündigungen darstellen und unter einem weitern Punkte genauer zu be-
sprechen sind.

V.

1) Dies sind zunächst ebenfalls kurze Appelle *(oiez, escoutez,
entendez)* an das Publikum, um die Aufmerksamkeit rege zu halten
oder zu steigern oder wichtige und interessante Momente der Handlung hervorzuheben und den Zuhörern nahe zu legen.

Sie sind höchst wahrscheinlich aus den längern Anreden und
neuen Ankündigungen hervorgegangen ·und wohl nur als eine Ver-
kürzung und Vereinfachung derselben anzusehen. Denn der genau
übereinstimmende Wortlaut zeigt es deutlich, den beide am Anfange
aufweisen. Ferner lässt dies auch die Thatsache erkennen, dass an
Tiradenanfängen einige solcher Stellen auftreten, welche als eine Art
Mittelding und Übergang zwischen beiden betrachtet werden können,
und zwar deshalb, weil sie mit den üblichen Wendungen einen neuen
Gedanken beginnen und kurz den Inhalt der folgenden Verse geben
(also ganz wie die unter IV. besprochenen Stellen), jedoch nach ihrer
äusseren Lage im Gedicht, sowie auch dem ganzen Sinne nach nicht
den Zweck haben, einen Abschnitt von neuem (etwa nach einer
Pause) anzukündigen, sondern nur auf einzelne hervorragende Personen und Momente in einem Abschnitte hinzuweisen:

So z. B. *Mac:*

> v 194: *Segnur, or entendés e siés certan*
> > *Qe la cha de Magançe e darer e davan*
> > *Ma non ceso de far risa et buban etc.*

Damit wird auf den Verrat aufmerksam gemacht; dies kann jedoch
nicht nach einer Pause geschehen sein, da erst 193 Verse vorüber sind.

Ähnlich wird auf das Versöhnungsfest hingewiesen am Anfang
einer Tirade, wohl auch eines neuen Abschnittes, jedoch nicht nach
vorhergehender Unterbrechung, sondern nur, um ein neues Moment
anzudeuten:

> ibid. v 3527: *Segnur, or entendés siés çertan,*
> > *En tote rois, prinçes et amiran*

K. maine estoit li plus sorran.
Jamais non amo traïtor ne train etc. . . .
v 3532: Cun l'inperer fato oit acordaman etc.

Das beste Beispiel bietet

Gayd: v 10643: Seignour, oiez (Dex voz croisse bontez),
Li gloriouz, li roiz de majestez)!
De grant miracle, que Dex a demonstré etc.

Die Form der Ankündigung ist ganz dieselbe, wie wenn es sich darum handelte, einen neuen Abschnitt nach vorhergehender Pause zu beginnen. Damit wird aber nur ein Wunder angekündigt, wie dies oft ähnlich aber kürzer geschieht.

Ebensolche Beispiele finden sich bei *Pr. d. P. v 338; Aspremont p.* 272, in welchen sich uns die Übergangsstufe zwischen der Ankündigungsformel eines neuen Abschnittes und der Einführungsformel von wichtigen Momenten und auffallenden Persönlichkeiten klar vor Augen stellt.

a) Derartige Einführungsformeln stehen nun in erster Linie zum Zwecke, die Zuhörer auf Wunder und Abenteuer aufmerksam zu machen:

Z. B. *Fier.* Olivier schwebt beim Zweikampf in grosser Gefahr, wird jedoch durch das wunderbare Verhalten des Pferdes seines Gegners gerettet:

v 1097: Or oés quel miracle Dix i a demonstré.

H. d. B: Als H. allein und nackt umherirrt, trifft er einen Spielmann:

v 7136: Or escoutez du jouene baceler,
Quele aventure Dix li a destiné.

ibid. ist der ganze erste Vers einer »Ankündigung« noch erhalten in

v 8469: Segnour, oiiés, por Dix de maïsté,
Quele aventure Dix lor a amené,

womit die glückbringende Ankunft eines französischen Schiffes angezeigt wird.

In anderer Form wird ein wunderbares Begebnis erzählt bei *Gayd:*

v 222 Oiez, seignor, com Dex ot Karlon chier,
Qu'il ne laissa honnir ne vergoingnier,

wo der Page beim Genusse eines für Karl bestimmten vergifteten Apfels stirbt und dadurch dessen Leben rettet.

b) Auch andere bedeutsame Vorgänge glücklicher und unglücklicher Art, welche für einen Helden oder den Verlauf der Handlung überhaupt wichtig scheinen, werden durch *oez, escoutez* aus dem Gange der ruhigen Erzählung hervorgehoben:

Z. B. *Gayd: v 8118:* Gautier entkommt aus der Gefangenschaft der Verräter und findet Hülfe bei Claresme, deren Leute die Verfolger in die Flucht jagen:

Mais or oiez con faite destinnée
A Dex Gautier otroïe et donnée.

Ot. legt damit ein unglückliches Eintreffen nahe:

Als Alfanie vom Tode ihres Geliebten Clarel hört, lässt sie den gefangenen Ogier an einem Pfahle misshandeln:

v 1530: Mès or oiez com grant encombremant
Vint à Ogier, le chevalier vaillant.

Ein für die ganze Handlung folgenreiches Moment wird so hervorgehoben in *Mac:*

v 545: Or entendés, segnur o bona çant,
So ge fo Machario le seduant;

damit wird auf Macaires Handlungsweise hingewiesen, welcher den von ihm wohlbelehrten Zwerg, den einzigen Zeugen der Unschuld der Königin, vor allem Volke frägt und durch dessen lügnerische Antwort das unglückliche Schicksal der Königin und den Verlauf der folgenden Erzählung entscheidet.

c) Ferner wird damit auf die Helden selbst aufmerksam gemacht, ihr Äusseres, ihr Thun und Handeln unter gewissen Verhältnissen geschildert:

Fier: v 4105: Oiés comment il fu et fais et figurés.

Damit wird die Beschreibung von Clarions eingeleitet, der uns in seinem Äussern, seiner Rüstung mit seinem wundervollen Pferde vorgeführt;[*])

---

*) a) Beschreibungen von Personen werden auch durch Nebensätze „que dire m'orrés" eingeleitet; *H. d. B: v 3218: Et fu tous teus que jà dire m'orrés;*
b) diese Phrase steht auch, um eine nähere Erläuterung zu einem genannten

ibid. *Fier:* verspricht, Christ zu werden, daher:

v 1490: Oiés de Fierabras con fu de grant fierté.

H. d. B: Hier wird auf einen feierlichen Moment gedeutet, die Vorbereitung der Gegner zum Zweikampf durch Gebet und Abendmahl. Dabei erregt vor allem das Verhalten Huons das Interesse, daher

v 1490: Ore escoutés de Huon que il fist.

Ein ganzes Heer wird dadurch der Aufmerksamkeit empfohlen in *Ot.,* wo auf eine List der Heiden hingewiesen wird:

v 1706: Or escoutez de la gient desfaée.

d) Da und dort dienen *or escoutez etc.* dazu um eine Anrede oder einen Gruss einzuführen:

So z. B. *H. d. B: v 847: Ore escoutés comment il li a dit;*
Gayd: v 1240: Devant les autres i est Riolz entrez
           Ore escoutez com les a saluez.

Meist geschieht ein solcher Hinweis jedoch in Neben- und Nachsatzform, *com ja oïr porés (porés oïr):*

So *G. d. B: v 3928: Ses barons en apele, com ja oïr porrés.*

Ebenso bei einer Antwort:

Fier: v 456: Fierabras respondi con jà oïr porrés;
H. d. B: v 660: Karlot apele, com ja porés oïr.

Eine andere Wendung dafür ist „*que vous dire m'orrés*":

Z. B. *Fier: v 1168: Puis dist une priere que vous dire m'orrés* (s. Anm.).

2) Dann wird auch der Anfang des zweiten Verses von solchen ›Ankündigungen‹ „*or vous dirai, voil dire*" dazu verwendet, Personen, besonders Hauptpersonen, neu oder in einem Augenblicke einzuführen, wo sie für den Verlauf der Dinge von Einfluss sind. Auch die das Ganze unterbrechenden Zwischenscenen werden so eingeleitet:

a) Z. B. *H. d. B:* Damit wird Esclarmonde die Beschützerin und Retterin von Huon angekündigt:

v 5835: Or vous dirai de la dame al vis cler,
        Qui estoit fille Gaudise l'amiré.

Worte anzukündigen: *Fier: v 4016 Enfreci c'à I jour que vous dire m'orrés;* verkürzt bei *H. d. B: v 3244: Le quarte fée le vaut mix asener*
        Quant li donna tel don que vous orrés.

8

b) *Gayd:* Zwischenscene: Von beiden Seiten trifft man Vorbereitungen zum Zweikampfe zwischen Gaydon und Thiebaut. An einem kurzen Zwiegespräch zwischen Naymon und dem Erzbischof Yvon wird mit Unterbrechung der Erzählung die Stimmung dargelegt, welche verständige Leute gegenüber dem sonderbaren Verhalten Karls beherrscht.

> *v 991: Dès or voz voil de Naymon ci conter,*
> *Qui prinst congié au meillor coronné.*

Während diese Wendungen weniger häufig auftreten als die unter 1) besprochenen, sind sie bei *Adenès* zahlreicher vorhanden, allerdings nicht immer ohne Berechtigung:

Z. B. *Enf. O: v 305:* Die Gesandtenbeleidigung wird so hervorgehoben:

> *Or vous dirai qu'ele avoit arréé.*
> *Des mès Charlon n'a nesun houneré;*

ebenso wie die Weisheit von *Naymon (Namlon):*

ibid. *v 8047: Or vous dirai de Namlon de Bavier.*
> *Li cui sens fist mainte gent avancier etc.*

3) In ähnlichem Sinne, wie die bisher genannten Formeln, stehen auch zur Hervorhebung *„or sachiés, sachiés, bien sachiés:*

a) ganz wie die von 1 und 2, um auf eine Person nachdrücklich hinzuweisen:

Fier: Im Zweikampfe zwischen dem tapfern und den Gegner um einen halben Fuss überragenden Amirant und Karl steht trotzdem auch letzterer nicht zurück, denn:

> *v 5813: Saciés que l'emperere ne l'a pas espargnié.*

H. d. B: Auch die Zahl der grossen Sünden Huons wird besonders betont, als er beichtet:

> *v 8728: Ce saciés*) vous qu'il en ot fait asés,*
> *De moult crueus, ce saciés sans doter*

b) um auf die Wirkung eines schweren Schlages physischer und moralischer Natur hinzuweisen:

---

*) Saciés findet sich auch in der Mitte und am Ende des Verses, bisweilen mit demselben Zwecke, wie am Anfange, z. B. *H. d. B: v 187: Moult par fu biaus, joules fu, ce saciés*; jedoch in der Regel dient es am Ende als Lückenbüsser.

Gayd: v 6649: Ferraut feri I cop desmesuér,
            Et bien sachiez durement l'a grevé.

II. d. B: Karl ist vom grössten Schmerz erfüllt über den Tod seines Sohnes:

v 1330: Quant Hues voit Karles va si parlant
        Et que il voit que fait si lait sanblant,
        Saciés de voir moult s'en va esmaiant.

c) Meistens aber wird *saciés de voir* gebraucht, um Gemütsbewegungen jeder Art, Freude, noch mehr jedoch Schmerz und Zorn hervorzuheben.

II. d. B: Der Verräter Amauris freut sich über den Tod von Charlot: *v 892: Saciés de voir moult joians en devint.*

Ot: Roland freut sich über den zu Boden geworfenen Garsiles. Dies wird umschrieben durch:

v 2044: Sachiez de voir qu'il n'en fu pas iriez.

G. d. B: Gui sieht sein Pferd tot:

v 2625: Quant Guion de Borgoigne vit mort son auferrant
        · Ice sachiés de voir, moult ot le cuer dolant.

Gayd: Als der originelle „ravassor" bemerkt, dass G. einen der Verräter nicht einmal ganz totgeschlagen hat, so wird er zornig:

v 2708: Li vavasors fu forment airez,
        Quant voit Gaydon qu'il ne l'a mort gieté,
        Sachiez de voir le cuer en ot iré.

Da der Dichter die Affekte meist durch unmittelbare Anschauung sich zeigen lässt, so ist die stehende Formel in zwei solchen Versen:

            Quant voit — sachiez de voir.

Ebenso sind auch Mitleid, Liebe, liebende Fürsorge Gegenstand der besondern Aufmerksamkeit:

Enf. O: Karahuel sieht seinen feindlichen Freund Ogier in Gefahr:

v 2990: Sachiez K'au cuer en ot ire et pitié.

G. d. B: Vom Vater von Gui, dem Herzog Sanses, heisst es:

v 3093: Et sachéis tot sans faille qu'il ot Guion mult chier.

B. a. gr. p: Die beiden Töchter von Simon pflegen Bertha besorgt und liebevoll:

> *v 1230: En sa chambre l'enmaine, delez le feu l'estent,*
> *Et ses deus beles filles, sachiez, moult humblement*
> *La frotent et eschaufent de cuer songneusement.*

Auch Lob erwähnt der Dichter in dieser Weise:

> *Enf. O: v 2264: Quant Charlemaines la parole escouta*
> *Coument ses fiex la bataille empris a,*
> *Sachiez que moult en son cuer l'en prisa.*

4) Bedeutsame Momente der Handlung, welche die Spannung der Hörer steigern, körperliche Eigenschaften und Vorzüge werden durch die rhetorische Frage hervorgehoben: „*Plaist vous oïr?*"

a) Z. B. *Mac:* Der letzte entscheidende Augenblick beim Gottesgericht zwischen Mac. und dem Hunde wird eingeleitet durch

> *v 1125: Volez oïr, segnur, coment l'a fe li can?*

b) *H. d. B:* Vor der Beschreibung des gewaltigen Riesen Dunostre:

> *v 4928: Plaist vous oïr con fais fu li maufés?*

Ähnlich bei *G. d. V:* Gelegentlich der Erwähnung von Alda:

> *p. 90: Plaist vos oïr com grant fu sa biauté?*

VI.

Persönliche Wendungen zur Abkürzung der Erzählung.

1) Nach längerer Erzählung bricht der Dichter plötzlich ab mit der Frage „*que vos diroie?*", teils um abzukürzen und direkt auf die Sache einzugehen, welche er berichten will, besonders nach Gesprächen, deren Wirkung und Resultat er mit einer das Ganze abschliessenden Phrase kurz und bündig meist gegen Ende der Tirade mitteilt, teils um den Zuhörern selbst zu überlassen, dasjenige sich besser auszumalen und lebhafter vorzustellen, was er nicht genau und ausführlicher schildern will, wie grosse Freude, vortreffliche Eigenschaften, geistige und körperliche Vorzüge.

a) *Enf. O:* Karahuel ist in grosser Bedrängnis; Ogier sieht es und sprengt herzu und bittet ihn, sich zu ergeben. K. weigert sich. Trotzdem lässt ihn O. gefangen nehmen, um ihn in Sicherheit zu

wissen. Die Wirkung des Gesprächs beider Freunde, die Gefangen-
nahme, wird gegen Ende der Tirade kurz berichtet durch

v 6490: Que vous diroie? de tous lez fu saisis.

Ebenso bei *Enf. O: v 6889, 7629.*

b) *Enf. O.:* Zur Ausmalung der grossen Freude, welche über
die Rückkehr von Ogier aus dem feindlichen Lager herrscht, findet
der Dichter nicht Worte genug, daher

v 4503: Que vous diroie? Acolés et tenus
   Fu li Danois et lié(ment veüs;

ebenso *v 4538.*

Mac: Beginnt mit der Schilderung des trefflichen Varocher und
bricht dann kurz ab, um dessen Thaten selbst für ihn sprechen zu
lassen:

v 2337: Qe vos diroie de le pro Varocher?

Ebensowenig fühlt der Dichter sich imstande, die Vorzüge Karls
des Grossen alle anzuführen und zu würdigen, daher:

Enf. O: v 5241: Que vous diroie? Tant ot en lui bonté,
   Que la moitié n'en aroie hui coné.

Ähnliche Stellen, wie die unter 1) zusammengefassten sind noch
bei *Enf. O.* zahlreich zu finden, so: *v 1122, 5241, 7047, 7456, 8160;*
3910: Que vaurroit ce que on plus en diroit?

Zu ganz demselben Zwecke wendet Adenès hier noch eine
Phrase an, welche deutlich seine Absicht, abzukürzen, erkennen lässt
und sonst äusserst selten in andern Gedichten vorkommt:*)

Que vous feroie la parole   *alongier?*
   la chose   ⎫
   l'affaire   ⎬ *durer?*
   la besoigne   ⎭

So *v 4002, 6836, 7185, 7429, 7529, 7553, 7596, 8092.*

Wie schon bei 1) hauptsächlich Adenès in Frage kam, so handeln die beiden nächsten Punkte ausschliesslich von seinem Sprachgebrauch, der sich hierin wieder durch häufiges Hervortreten der
Subjektivität von dem der andern Epen unterscheidet:

2) Da, wo schon die ältesten und weit mehr noch die jüngern

---

*) Nur bei *Pr. d. P: v 1948: Che vous doije plus dir ne sermon prolonzier?*

Epen Vergleiche und Übertreibungen haben, wie bei Erwähnung von Heldengestalten, deren Tapferkeit, deren Mut und Kühnheit unübertrefflich ist, beim Nennen von Ratgebern, deren Weisheit und Klugheit an das Übermenschliche grenzt, bei Anführung hervorragender Frauen, welche durch ihre Schönheit alle bezaubern und ihre List und Klugheit dem Gefangenen zur Freiheit verhelfen, bei Aufzählung von gewaltigen Menschenmassen entweder einer beratenden Versammlung oder eines Kriegerheeres, bei Schilderung von Schlacht und Kampf, bei Beschreibung von Gegenständen, welche durch ihre Kostbarkeit besonderes Augenmerk verdienen, überall da finden sich bei *Enf. O.* und *B. a. gr. p.* wohl Wendungen ähnlichen Sinnes, jedoch meist anderer Form und vor allem persönlicher Art.

a) Solche Wendungen können zwar auch bei den andern Epen wohl als subjektive bezeichnet werden, jedoch haben sie äusserst selten persönliche*) Form.

Da und dort stehen sie zwar in Verbindung mit „*ainz éussiez alé etc.*", die gewöhnliche Form ist indes die:

„*Onques ne vit nus hom*" oder „*Il n'est nus hom*" etc.**)

Einige Beispiele aus den andern Epen seien kurz angeführt. Die einfachste (wie schon bei *Rol.)* Stufe ist zu finden z. B. bei *Ot.,* wo von Clarel gesagt wird:

v 767: N'ot plus bel home tant comme soleil replent;

ferner *G. d. B:* Zur Schilderung eines Zusammenstosses zweier Helden:

v 2669: Onques ne vit nus hom 11 martiaus acoplés etc.;

H. d. B: Bei einem Feste finden sich eine Menge Leute ein:

v 5397: Il n'est nus hom qui puist la gent nombrer.

Gayd: Ein Pferd wird beschrieben:

v 3848: Ainz nus ne vit ne plus bel ne plus chier
Ne plus isnel, miex féist à prisier.

---

*) Hierbei wird abgesehen von den unter A. VI, II₁ genannten Redensarten, *ne verrés, n'orrés,* da unter »persönlich« hier im engsten Sinne des Wortes das verstanden wird, dass der Dichter mit *je* aus der Objektivität hervortritt und das äussert, was sonst dem allg. „*on*" oder „*nus hom*" überlassen wird.

**) So z. B. *Fier: v 570, 983; Ot: v 1828; H. d. B: v 534, 5542, 6703; Gayd: v 3913; Enf. O: v 4862; B. a. gr. p: v 3355; G. d. V: p. 138, 158, 160, 171, 173; Pr. d. P: v 1779, 3445.*

Mac: Zur Schilderung eines grossen Kampfes:

>*v 2839: Dunbesdos pars fo si grant la meslé*
>*Diz ne se poroit en carta ni in bré.*

Nur 2 Beispiele können angeführt werden, welche in unserm Sinne persönlich zu nennen sind:

Il. d. B: v 2423: N'oï nus hons de tel frere parler;
dagegen *Mac: v 2459: Si grant fu la bataile et si dura et fer,*
>*Ne vos la porroit ne dire ni conter.*

b) Dagegen steht bei Adenès gewöhnlich die Wendung:

>*ne vous aroie nomé, conté etc.*

So *Enf. O:* Er erzählt von der Versammlung der Heeresmasse zum Kriegszuge:

>*v 642: Ne vous aroie jamais tres tous noumés,*
>*Tant en y a venus et assamblés;*

ebenso *v 4485, 5162;* bei anderer Gelegenheit: *v 4839, 7661, 8151.*

B. a. gr. p: Sagt von den Geschenken Pipins an den König von Ungarn:

>*v 3413: Ne vous aroie pas en grant piece aconté etc.;*
ebenso *v 97, 737, 1012, 1565; 2430* (Schmerz), *3126* (Freude).

3) Bei einer weitern Redensart steht Adenès auch allein da. Er kündigt in dieser mit blanken Worten an, er wolle über den Gegenstand nicht viele Worte verlieren, es kurz machen und das Publikum nicht mehr länger aufhalten.

>„*Ne vous ferai de ce lon(g)c parlement*"
oder „*Se vous vouloie dire tout ce sermon*
>*Bien porroie metre (arrester) trop longtemps etc.*"

So bei *Enf. O: v 261, 2649, 3977, 4407, 4609, 4628, 4686, 5199, 6895, 7286, 7439, 7565, 7729, 7830, 8180. —*

U. a. spricht er es ganz deutlich aus in

>*v 8109: Se vous faisoie ja I lonc parlement*
>*De leur devises, de leur arréement,*
>*Je i porroie metre trop longuement;*
>*Pour ce m'en passe outre legierement.*

Ähnlich bei *B. a. gr. p: v 79, 165, 248, 260, 669, 3276, 3441.*

Sieht man die Verszahlen an, so bemerkt man sofort, dass bei *Enf. O.* diese Wendungen hauptsächlich erst von *v 4000* ab sich einstellen und gegen Ende *(v 7000 etc.)* bedeutend zunehmen. Die sich steigernde Wiederkehr der Redensarten fällt bei der Lektüre des Gedichtes auf und erweckt das Gefühl, als ob Adenès gegen Schluss kaum schnell genug habe zu Ende kommen können.

Bei den übrigen Epen finden sich ähnliche Stellen meist nur bei Erzählung von Heerfahrten und längern Reisen, über welche der Dichter kurz hinwegzugehen pflegt. (cf. A. VI 3.)

Eine Redensart, welche mit letzteren (A. VI 3) gleichen Sinn, aber mit den bei Adenès vorhandenen, dieselbe oder wenigstens verwandte Form hat, zeigt *Gayd:* Es wird von der Heerfahrt nach Angiers berichtet: *v 3007: Ne ferai pas trop longue demorée*
De la lor voie etc.

Als bei anderer Gelegenheit gebraucht, fiel nur eine Wendung auf bei *H. d. B: v 8585:* Gelegentlich einer Erkennungsscene:
Mais tous lor dis ne vous veul raconter.

VII.

Wie schon die zuletzt erwähnten Redensarten als eine Art von Übergangsformel bezeichnet werden können, so sind kürzere und längere stets im Gewande ein und derselben Formel auftretende *„clichés de transitions“* (nach Gautier) bei allen Epen etwas häufig Vorkommendes und Gewöhnliches.

Sie lauten stereotyp: *Or lairons, vous lairai . . .*
Si dirons, dirai . . . .

mit grösserem oder kleinerem Rückblick, bezw. mehr oder weniger ausführlicher Inhaltsangabe des Folgenden:

1) Meist beschränkt sich der Rückblick oder die Inhaltsangabe des Kommenden auf Anführung einer oder mehrerer Personen, die Gegenstand der Erzählung gewesen oder werden.

a) Am kürzesten und in einen Vers zusammengedrängt findet sich eine solche Übergangsformel in
Aspremont p. 267 Cod. VI.:
Or lairun de Ballant, e de Karle aurun conter.

Gewöhnlich besteht ein derartiges „cliché" aus 2 Versen, wie z. B. in *Gayd:*

> *v 4731: Or voz lairons de Gaydon l'alozé;*
> *De Karlon iert et dit et raconté.*

b) Seltener erstreckt sich der Rückblick auf mehrere Personen, wie z. B. in *Mac:*

> *v 2045: Or lasaron de l'inperer K.*
> *E de Benardo e de le dux N.,*
> *De l'inperer nu si ve contaron*
> *Qe sir estoit de Costantinople etc.;*

ebenso *Enf. O: v 3091.*

c) Dagegen öfters werden bei der Inhaltsangabe des Folgenden mehrere genannt:

> Z. B. *Gayd: v 1983: D'euls le lairai, et ci aprez orrez.*
> *Dou preu Ferraut qui s'est acheminnez*
> *Et d'Amaufroi, et des VII Carmez,*
> *Cui li harnois Gaydon fu commandé;*

die veränderte Form: „ci orrez" ist zugleich bemerkenswert; ebenso *H. d. B: v 6985 etc.*

2) Da und dort nimmt der Sänger von den Personen Abschied, nicht ohne ihnen noch einen Segenswunsch oder auch einen Fluch nachzusenden:

a) Z. B. *Ot:* Der Dichter verlässt Ogier, welcher von den Sarazenen Misshandlungen zu erdulden hat, mit dem Wunsche:

> *v 1554: De lui lairons, Ihesu li soit aidant!*
> *Quant lieus sera, bien serons repairant.*

Mit dem letzten Verse tritt uns zugleich eine weitere Formel entgegen, welche sich häufig den Übergängen anschliesst.

Sogar für die Bekehrung der Feinde bittet der Sänger bei *G. d. B:*

> *v 2778: Or lerons ci des Turs, que Diex puist convertir*
> *Si dirons de Karlon, le roi de Saint-Denis.*

b) Einige 100 Verse vorher wünscht er jedoch denselben Unglück und fleht für seine Landsleute um Hülfe:

ibid. *v 2086:*

9

Or vos lerons des Turs, qui Diex doinst encombrier,
Si dirons des enfans, que Ihesu puist aidier.

3) Oft genügt auch schon der erste Teil der Übergangsformel: so in *H. d. B:*

v 515: Or vous lairai des traïtors laniers;
oft fügt der Dichter auch hiebei hinzu, dass er noch einmal darauf zurückkommen werde:

B. a. gr. p: v 1894: De li vous lairai ci, mais g'i revenrai jà.

4) Häufig aber beginnt er allein mit dem zweiten Teile von einer andern Person zu sprechen:

Pr. d. P: Nachdem vorher von Marsilies die Rede war:
r 1410: Or dirons de Zarllon ch'avoit mis cuer e san
A conquir le zamin dou saint Galician.

Im Anschlusse an die genannten *clichés* ist noch eine Wendung zu erwähnen, welche vorzüglich Adenès in *Enf. O.* gebraucht:

je ne parlerai ja etc.,
de ce n'iert plus raconté etc.,

und die insofern zu den Übergangsformeln zu rechnen ist, als sie den Abschluss eines Momentes der Handlung andeutet. *Enf. O: v 562, 4317, 6506, 7018, 8155, 8189.*

Am Ende des Gedichts.

VIII.

Der Dichter beendigt die *chanson,* erbittet für sich und die Zuhörer den Segen Gottes, giebt in manchen Epen kurzen Rückblick, verweist auf andere Gedichte und kündigt auch zuweilen die folgende *chanson* an.

Am einfachsten schliesst *Ot.* mit einem Segenswunsche für den Titelhelden:

v 2131: Bien tint sa terre le jors de son aé;
Sa fin fu bele, plaine de grant bonté:
Diex en ait l'ame par la soe pitié.

In *Mac.* wird das Ende des Gedichtes angekündigt und dem Publikum der Segen Gottes gewünscht:

v 3614: D'aqui avanti se noua la cançon;
    E Deo vos beneie qe sofri pasion;
ähnlich geschieht es bei *Fier.*, wo zuletzt noch die *chanson* gepriesen und dem Verfasser langes Leben bezw. gutes Andenken gewünscht wird: *v 6216:*

> *A Dieu vous comman je, ma canchons est finée.*
> *De cest roumant est boine et la fin et l'entrée,*
> *Et enmi et partout, qui bien l'a escoutée;*
> *Ki c'est roumant escrist il ait boine durée.*

Bei *G. d. B.* vergisst der Sänger vor allem sich selbst nicht, wenn er schliesst mit *v 4302:*

> *Seignor franc chevalier, la chançons est finée,*
> *Diex garisse celui qui le vous a chantée,*
> *Et vous soiés tuit sauf qui l'avés escoutée.*

Bei *H. d. B.* endigen die verschiedenen Handschriften verschieden. *Mscr. I de Tours* (13 saec.), welches als das beste (und älteste) ediert ist, schliesst auch am einfachsten, indem es noch einmal die 2 Hauptpersonen, gleichsam als Vertreter der 2 Hauptteile resumierend nennt und den üblichen Segenswunsch ausspricht:

> *v 10488: De Huelin ne vous sai plus conter,*
>   *Ne d'Auberon, le petit roi faé,*
>   *Ains nous convient nostre cançon finer.*
>   *Si proiiés Dieu, le roi de maïsté,*
>   *Vous ki m'avés de vos deniers donné,*
>   *Que Diex vous laist tés oeuvres demener*
>   *Qu'en pesa etc.*

Mscr. III de Turin (14. saec.) führt schon mehr Personen an, spinnt den Rückblick etwas weiter aus und fügt hinzu, dass niemand mehr etwas davon zu erzählen wisse, wenn er nicht Fälscher sei:

> *Dou petit roi avés oï assés,*
> *Et de Karlon le fort roi couronné,*
> *Et dou roi Hue comment il fu faés,*
> *Et des enfans comment il ont erré,*
> *Ydes morut et Croissans li membrés;*
> *Il n'est nus hons qui plus en puist chanter,*

— 124 —

Qui la matere n'en voet dou tout fausé.
Dix nos doinst bien qui l'avons escouté.
Explicit chi, je n'en sai plus parler.

Das jüngste *Mscr. IV de Paris* (15. saec.), welches nach Guessard (préf. LI) etwa 15 000 *v* haben konnte, führt die Geschichte des Namens Croissant näher aus, welcher uns am Ende bei *III* begegnete, und verweist schliesslich auf „*l'istoire*" und „*le livre de Croissant*", ein Beweis, dass ein solches Gedicht bestanden haben muss.

> *Et par icelle paix dont je fais parlement*
> *Fust fais ung mariage, se l'istoire ne ment,*
> *De Clarrise la belle et du noble Flourent etc.*

(cf. *H. d. B.* préf. *LII.*)

Gayd. endigt kurz:

> *v 10885: De Gaydon est ci la chansons fenie;*
> *Ja n'iert nus hom qui avant voz en die*
> *Se il n'i weult trouver nouvelerie.*

G. d. V. p. 181 schliesst mit einem Resumé des Gedichtes, erwähnt den oft zitierten Verrat Guenelons und kündigt die *chanson Aymeri de Narbonne* an.

Auch Aspremont, p. 290 Cod. IV. bietet einen Rückblick am Schlusse.

Entrée de Spagne, p. 268 deutet auf *Pr. d. P.* hin.

B. a. gr. p. weist auf Roland und Karl den Grossen und seine Thaten. *v 3469 ff.*

Enf. O. giebt in 56 Versen einen Rückblick, welcher voll von persönlichen Wendungen und allgemeinen Betrachtungen ist. Zum Schlusse widmet Adenès das Gedicht der Himmelskönigin Maria.

www.ingramcontent.com/pod-product-compliance
Lightning Source LLC
Chambersburg PA
CBHW022139020726
47496CB00008B/2468